Barbara Vödisch

Einssein mit Gott

- Das Ende jeder Suche -

Smaragd Verlag

Bitte fordern Sie unser kostenloses Verlagsverzeichnis an:

Smaragd Verlag
In der Steubach 1
57614 Woldert (Ww.)
Tel: **02684.978808**
Fax: **02684.978805**
E-Mail: info@smaragd-verlag.de
www.smaragd-verlag.de

Oder besuchen Sie uns im Internet unter der obigen Adresse.

© Smaragd Verlag, 57614 Woldert (Ww.)
Deutsche Erstausgabe 2000
Zweite Auflage November 2003
Cover: XPresentation, Boppard
Satz: DTP-Service-Studio, Rheinbrohl
Printed in Czech Republic
ISBN 3-934254-08-X

Inhalt

Zum Geleit

Liebe Leserin, lieber Leser,

hier spricht "ES", unendliches göttliches Sein, unendliche göttliche Liebe. Dies ist ein Buch über Erleuchtung, über das Einssein mit Gott. Und so hat sich in diesem Buch "ES", göttliches Sein, zur Verfügung gestellt, um mit dir über das Einssein mit Gott, um mit dir über Erleuchtung zu sprechen. Was ist, "ES", göttliches Sein? Was ist die Quelle, die zu dir spricht, wirst du dich vielleicht fragen?

Es ist wichtig zu wissen, daß göttliches Sein, Gott, unendliche göttliche Liebe, das Nichts, Nirwana, gar nicht zu dir sprechen kann. Es ist einfaches Sein, das nur existiert, ohne Absicht, ohne Form. Gott, göttliches Sein, ist überall, ist in allem, was ist. Und bereits die Übermittlung in Worte ist ein Verlassen des reinen, ursprünglichsten göttlichen Seins. In diesem Sein existieren keine Worte, keine Formen, keine Vorstellungen, keine Begriffe, keine Bewertungen. Es existiert einfach nichts. Und so ist es sehr schwierig, dir göttliches Sein, "Erleuchtung", wie ihr es nennt, Einssein mit Gott, näherzubringen, wenn es hier keine Worte und keine Form gibt. Und all das, was in Worten zu dir spricht, kann niemals genau das bezeichnen, was in Wahrheit ist. Und so ist "ES", göttliches Sein, das hier zu dir spricht, auch nicht das letztendliche göttliche Sein. Denn reines göttliches Sein kann nicht zu dir sprechen.

Für das Verständnis dieses Buches ist es wichtig, dich nicht an Worten festzuhalten und dich nicht einem einzelnen Begriff, einem einzelnen Wort unterzuordnen. Die Worte, "ES", göttliches Sein, Unendlichkeit, Gott, alles und nichts, beinhalten ein und dasselbe, versuchen ein und dasselbe zu beschreiben. "ES", göttliches Sein, benutzt hier selten das Wort Gott, das dir vielleicht sehr vertraut ist und durch das du dich vielleicht durch den Titel dieses Buches angesprochen gefühlt hast. Es wird hier das Wort Gott selten verwendet, weil das Wort mit so vielen Vorstellungen, mit so vielen Bildern, mit so vielen alten Geschichten belastet ist.

Und was ein ganz wichtiger Punkt ist: Gott ist in euren Vorstellungen meistens an eine Person gebunden, wie ein Vater, der dich vom Himmel aus betrachtet, der vom Himmel aus die Geschicke der Menschheit lenkt. Dieses Bild, diese Vorstellung mag euch lange Zeit eine große Hilfe gewesen sein, vielleicht auch dir. Doch es ist an dieser Stelle wichtig zu verstehen, was sich immer wieder durch dieses Buch zieht: Gott, göttliches Sein, endet nicht in einer Person, ist nicht ein Wesen, das im Himmel existiert. Göttliches Sein existiert in allem, was ist. Göttliches Sein ist keine Person, ist keine Identifizierung. Gott ist kein getrenntes hochstehendes Individuum. Und so ist sehr wichtig zu erkennen, daß Gott, göttliches Sein, sich in allem, was ist, befindet. Göttliches Sein, das du bist. Göttliches Sein, das in jeder Pflanze, in jedem Baum, in jedem Menschen, in allem, was ist, existiert. Göttliches Sein ist nicht an einem bestimmten Ort angesiedelt, existiert nicht nur zu einer bestimmten Zeit und ist nicht an eine Person oder an ein großes Wesen gebunden. Es ist einfach Sein in allem, was ist.

Dieses Buch will dich in diesen Raum, in diesen unendlichen Raum göttlichen Seins führen, will dir helfen zu erkennen, wer und was du in Wahrheit bist. Dieses Buch mag eine große Herausforderung für dich sein. Es mag Situationen geben, in denen du verärgert und verwirrt bist. Doch das ist wunderbar. Es ist ein wahres Geschenk, denn begreife, das, was du suchst, das, was in Wahrheit ist, ist jenseits deines Verstandes, jenseits der Worte, jenseits all dessen, was du glaubst zu sein oder nicht zu sein. Dieses Buch ist ein Herausforderung, eine Herausforderung, das zu verlassen, was du über Einssein mit Gott, über göttliches Sein, über Gott, über Erleuchtung bisher gedacht hast. Es ist eine Herausforderung, das zu erkennen, was du in Wahrheit bist. Und es mag manchmal eine wahre Bedrohung für dich sein, eine Bedrohung für das, womit du dich identifizierst, eine Bedrohung für das, was dein Ego ist. Eine Bedrohung für dich, der du dich mit deinem Körper, deinem Namen, mit deinem Leben und mit deinen Geschichten identifizierst. Deine Identifizierungen und deine Vorstellung von deiner Existenz als getrenntes Individuum, all das mag bedroht werden.

Und diese Bedrohung macht Angst. Diese Bedrohung schafft Verwirrung. Und es wird vielleicht Momente geben, in denen du das Gefühl hast, den Inhalt dieses Buches nicht zu verstehen. - Wo du liest und den Zugang zum Inhalt zu verlieren scheinst. All das gehört dazu. All das soll dich nicht beunruhigen. All das ist ein Teil des Spiels, des Spiels, das du schon seit ewigen Zeiten, seid Hunderten von Inkarnationen, dein Leben lang spielst. Das Spiel des Vergessens dessen, was du in Wahrheit bist. All das, was du bis jetzt bewußt gekannt, bewußt erfahren hast, hat dich vielleicht für Momente zu göttlichem Sein, zu der Unendlichkeit, zu Gott, zum Einssein mit Gott geführt. Doch es ist klar und sicher für dich verständlich, daß es irgendetwas gibt, das du bis jetzt nicht wirklich erkannt hast, um für immer in göttlichem Gewahrsein zu sein. Also bereite dich vor, daß du dich hier etwas Neuem öffnen mußt. Du mußt dich nicht einmal wirklich etwas Neuem bewußt öffnen,

entscheide dich einfach, dieses Buch zu Ende zu lesen, e-
gal wie wütend, egal wie verwirrt du sein magst, egal wie
wenig du manchen Inhalt zu verstehen scheinst. Und vielleicht mag auch genau das Gegenteil der Fall sein, daß du
erfreut bist, das zu hören, das zu erkennen, was du schon
immer gewußt hast, in der Tiefe deines Herzens; daß du
dich befreit fühlst, leicht und beschwingt, daß du das Gefühl hast, dem Einssein mit allem, was ist, mehr und mehr
zu begegnen und es immer mehr zu sein.

Hab keine Angst. Du kannst hier nichts falsch und
nichts richtig machen. Nur wisse, das, was nicht zu verstehen und nur im Sein zu erfahren ist, ist schwer in Worte zu
übermitteln. An sich ist es ein Absurdum, das, was einfaches Sein, unendliches göttliches Sein ist, in Worte, in
Sprache zu übermitteln. Es existiert letztendlich nichts anderes als unendliches göttliches Sein, das auch du bist.
Doch auf der Ebene der Dualität, auf der du dich bewegst,
bildet die Übermittlung von "ES", göttlichem Sein, eine Brük-
ke zu dir, damit du mehr und mehr zu vollkommenem Gewahrsein unendlichen göttlichen Seins gelangen kannst.
Und so stell dich darauf ein, deine Vorstellungen von dem,
was ist, zu erweitern, einen Moment, und immer wieder
zuzulassen, daß du keine einzelne Person bist und Gott
kein einzelnes Wesen ist, daß göttliches Sein in allem, was
ist, existiert, daß du Gott, göttliches Sein, die Unendlichkeit
bist und daß du auch "ES", das hier jetzt zu dir spricht, in
Wahrheit bist. Es gibt keine Trennung zwischen "ES",
göttlichem Sein, Gott, der Unendlichkeit, dem Einssein und
dir, denn du als getrennte Person existierst genauso wenig, wie alles andere getrennt voneinander existiert. Alle
Worte, alle Formen lösen sich auf in unendlichem göttlichen Sein.

Im Laufe dieses Buches wirst du vielleicht mehr und mehr erkennen, was du in Wahrheit bist. Vielleicht wirst du Anstöße bekommen, um ein kleines Stück weiter auf deinem Weg gehen zu können. Vielleicht wird sich auch mehr bewegen und du erkennst, was du in Wahrheit bist. All dies spielt überhaupt keine Rolle. Es gibt in diesem Buch immer wieder Wiederholungen, und die sind nicht da, weil "ES", göttlichem Sein, nicht mehr und nichts Wichtigeres eingefallen ist. Diese Wiederholungen sind Hilfe für dich, das zu begreifen, das zu verstehen, was letztendlich nicht zu begreifen und nicht zu verstehen ist, weil es jenseits der Worte, jenseits des Verstehens existiert.

Stell dich nicht unter Druck, irgendetwas verstehen zu müssen, irgendwohin gelangen und etwas Bestimmtes erreichen zu müssen. Lese all dies und laß das geschehen, was geschehen will, laß dich das erkennen, was erkannt werden will. Sei in Frieden mit all dem, was durch das Lesen dieses Buches in dir, mit dir passieren kann.
Laß all das sein, was ist.

Und wenn es Verwirrung und wenn es Wut ist, und wenn es der Glaube ist, daß einfach nur Unsinn in diesem Buch geschrieben ist. All das gehört zu diesem Prozeß. Und die Wiederholungen der Worte und ihre Energie helfen dir, auf einer tieferen Ebene zu verstehen, was oft nicht für den logischen Verstand zu begreifen ist. Was ist es für ein Risiko, wenn du vielleicht verwirrt bist, wenn du vielleicht im Verlauf dieses Buches das Gefühl hast, gar nichts mehr zu wissen? Wenn du gar nichts mehr weißt und nichts mehr verstehst, ist auch das ein wahres Geschenk, denn du öffnest dich dem, was jenseits deiner Vorstellungen, jenseits dessen ist, was du einordnen, was du in eine Schublade legen und bewerten kannst. Egal wie, egal was geschieht und was passiert, es ist ein wahres Geschenk, daß du an diesen Punkt gelangt bist, daß dein Wunsch nach Einssein so deutlich und so stark ist, daß du zu diesem Buch gelangt bist. "ES", göttliches Sein, umarmt dich. "ES", göttliches Sein, lädt dich ein, mit ihm für immer zu verschmelzen. "ES", göttliches Sein, lädt dich ein zu erkennen, was du in Wahrheit bist, daß du selbst und alles, was ist, unendliches göttliches Sein ist - Einssein mit Gott. Der Wunsch mit Gott, mit der Unendlichkeit, verschmelzen und eins sein zu wollen, ist unglaublich wichtig. Und wisse, es gibt nichts zu tun, nichts zu erzwingen, nichts zu begreifen, um göttliches Sein, die Unendlichkeit, zu erkennen und dir für immer ihrer gewahr zu sein. Und nun verbinde dich einmal mit den Worten, mit der Energie hinter den Worten: -- Stille,--- unendliches göttliches Sein, --- göttliches Sein in allem, was ist. -- Liebe, unendliche göttliche Liebe, unendliches göttliches Sein in dir und in allem, was ist. "ES", göttliches Sein, ist in Wahrheit nichts anderes als du selbst, denn auch du bist göttliches Sein. So wie jede andere Person auch, wie alles andere, was existiert, und davon ist nichts ausgenommen. Alles ist unendliches göttliches Sein, ist Gott. Gott ist keine einzelne Person, kein einzelnes identifiziertes Individuum, genau so wenig wie du es bist. Ist diese Vorstellung eine Bedrohung, oder ist sie ein wahres Geschenk für dich? Das Gespräch, das mit "ES" und dir durch das Lesen dieses Buch stattfindet, ist ein Gespräch, das göttliches Sein mit göttlichem Sein führt. Du mit "ES", göttlichem Sein. Und wenn du in Wahrheit göttliches Sein bist und "ES" göttliches Sein, dann sprichst du letztendlich zu dir. Doch wisse, daß es nicht notwendig ist, das in all seiner Konsequenz in diesem Moment wirklich zu begreifen und zu erkennen. "ES", göttliches Sein, führt dich in diesem Buch durch verschiedene Themen, verschiedene Aspekte immer wieder auf denselben Punkt zurück, zu göttlichem Sein, zu dem, was du in Wahrheit bist, zu dem, wie du für immer mit dem Göttlichen verschmelzen und dir göttlichen Seins gewahr sein kannst.

Lasse all deine Erwartungen gehen, immer wieder: Laß all das sein, was ist, ohne es zu bewerten, ohne es in irgendeine Richtung lenken und dirigieren zu müssen. "ES" gratuliert dir, daß du bewußt an dem Punkt bist, deinen Wunsch nach dem Einssein mit Gott, mit allem, was ist, zu vernehmen und ihm zu folgen. Du hast eine lange Reise hinter dir. Du hast eine lange Entwicklung genommen, um an diesen Punkt zu gelangen.
"ES", göttliches Sein, ist sich gewahr, was das für Mühen, was das für Schmerzen, für Anstrengungen im Verlauf all deiner Leben, im Verlauf deiner Vergangenheit, im Verlauf deiner Geschichte und deiner Erfahrungen waren. Wieviel Zweifel, wieviel Leid, wieviel Anstrengungen, wieviel Mühen, wieviel Lasten. -- Aber auch, wieviel Freude, wieviel Lachen und wieviel Genuß.

Doch jetzt ist der Zeitpunkt gekommen, daß du dich mehr und mehr mit dem, was du in Wahrheit bist, mit göttlichem Sein, vereinigst, zu einem einzigem Sein, zu einem einzigen göttlichen Sein verschmilzt.

Es gibt einiges, wie du im Verlauf dieses Buches sehen wirst, das du selbst tun, das du selbst bewegen kannst. Und dann gibt es auch einen Punkt, nachdem du all das,

was du tun konntest, getan hast und wo du loslassen
mußt, wo nur durch Gnade das geschehen kann, was ge-
schehen will. Du kannst Einssein mit Gott, mit der Unend-
lichkeit, du kannst Erleuchtung nicht erzwingen. Du kannst
es auch nicht durch harte Arbeit, Leistung und Fleiß er-
zwingen. Du kannst das tun, was du tun kannst und tun
sollst. Doch dann geschieht das, was geschehen will.

Dann geschieht die Erkenntnis und das vollständige
Gewahrsein göttlichen Seins für immer und ewig. Es erscheint dir manchmal so entfernt und so unverständlich
zu sein. - Und in anderen Momenten glaubst du ganz nah
dran zu sein. Das sind die Wellenbewegungen des Kom-
mens und Gehens von Erfahrungen. Doch irgendwann,
jetzt, verschmelzen diese Erfahrungen zu immerwähren-
dem göttlichen Gewahrsein, in dem kein Erfahren und
kein Nicht-Erfahren göttlichen Seins mehr möglich ist.
Denn du hast erkannt und bist dir für immer und ewig gewahr, was du in Wahrheit bist, und du verläßt dieses Gewahrsein, das Gewahrsein göttlichen Seins, der Unendlichkeit, nicht mehr. Es ist alles nur ein Spiel. Es gibt
nichts zu gewinnen, nichts zu verlieren. Laß los und vertraue göttlichem Sein, dem, was ist, in dir, in allem, was
ist, auch in diesem Buch.
     Es ist die Zeit gekommen, daß auch du, der du dieses
Buch liest, vollständig erwachst. Stell dir vor, daß dies dir
und jedem anderen Menschen möglich ist. So ist es auch
noch wichtig, folgendes zu beachten: Mache bitte aus dem
vollständigen Erwachen, aus der Erleuchtung und deinem
Wunsch nach ihr keinen Zwang und keinen Leistungsdruck. Du mußt nicht sofort vollständig erwachen. Und genauso wenig mache eine Geschichte daraus, daß du es

nicht würdig bist und es gar nichts mit dir zu tun haben könnte.

*Dieses Buch hat auch nicht die Absicht, eine elitäre, abge-
hobene, "kranke" Erleuchtungssuche zu unterstützen und
schon gar nicht in Gang zu setzen.
Es hat die Absicht, dir behilflich zu sein, das zu erkennen,
was du in Wahrheit bist. Es hat die Absicht, dir zu helfen,
dir mehr und mehr göttlichen Seins gewahr zu sein, und
das in einem menschlichen Leben auf Erden. Es hat nicht
die Absicht, dich aus deinem menschlichen Leben auf Erden wegzuführen. Es hat nicht die Absicht, dir eine weitere
Geschichte, weitere Erklärungen zu geben.
Es hat die Absicht, dir behilflich zu sein, dich dem zu öffnen, was jenseits aller Worte, aller Konstrukte, aller Vorstellungen und aller Bewertungen liegt:
Göttliches Sein, die Unendlichkeit.*

Und auch dieses Buch ist nur eine Beschreibung dessen, was nicht beschrieben werden kann. Und so ist es
wichtig, daß du erkennst, daß nichts, außer göttlichem
Sein selbst, auch nicht diese Worte, die absolute Wahrheit
sind. Ordne dich diesen Worten, diesen Erklärungen, diesen Konstrukten nicht unter, sondern öffne dich dem, was
hinter deinen Identifizierungen, deinem Verständnis, den
Erklärungen dieses Buches liegt. Immer und immer wieder: Mach dich von keiner Vorstellung, von keinem Gedanken, von keiner Aussage wirklich abhängig. Sei frei und
öffne dich dem, was in Wahrheit ist, jenseits aller Worte,
jenseits allen Verstehens, jenseits jeglicher Verwirrung,
jeglicher Wut und allem, was ist. Du bist frei, das zu sein
und das zu erkennen, was du in Wahrheit bist. Dieses

Buch will keine neuen Gesetze erschaffen, denen du folgen, die du verstehen, die du begreifen mußt, damit du zu Gott gelangst. Du bist bereits göttliches Sein. Du kannst dich nicht zu etwas entwickeln, was du schon lange bist. Sei frei zu erkennen, was du in Wahrheit bist und daß du in Wahrheit schon immer eins mit göttlichem Sein bist. Verstehen, begreifen ist eine Ebene der dualen Welt, eine Ebene menschlichen Seins. Diese Ebene hat ihre Berechtigung. Und auf dieser Ebene willst du verstehen, willst du begreifen. Und so übermittelt "ES", göttliches Sein, dir durch dieses Buch das, was eigentlich wirklich nicht zu begreifen ist. Denn du und alles, was ist, kann nur sein das, was du schon bist. Das Verstehen, das Begreifen ist in vielen Fällen eine große Hilfe für euch. Doch wisse, alles läßt sich nicht begreifen. Vieles läßt sich nur im Sein erfahren. Und mit dem Begreifenwollen verläßt du das Sein, einfaches Sein. Habe den Mut, auch Momente auszuhalten, in denen du nicht begreifst. Und manchmal ist es ein wahres Geschenk, wenn du nicht begreifst, denn du kannst dich dem öffnen, was hinter deinem Verständnis, hinter deinen Bewertungen, hinter deinen Vorstellungen liegt. Ein unglaubliches Geschenk, und vielleicht kommst du, während du dieses Buch liest, an einen Punkt, wo du das Gefühl hast, weniger zu verstehen als jemals zuvor. "ES", göttliches Sein, gratuliert dir dazu. Genauso als wenn du klarer, freier als jemals zuvor siehst. Egal was passiert, auch wenn gar nichts zu passieren scheint, es ist in Ordnung, so wie es ist. Keine Erwartungen, keine Anstrengungen, keine Anforderung. Laß los, um den Mitteilungen in diesem Buch so zu begegnen, wie sie sind. "ES", göttliches Sein, gratuliert dir zu deinem Wunsch, eins mit Gott sein zu wollen, gratuliert dir, den Ruf der Unendlichkeit gehört zu haben.

Jetzt ist der Zeitpunkt gekommen, dem zu begegnen, was du in Wahrheit bist, göttliches Sein für immer und ewig. Es ist ein Fest. Es ist eine wahre Freude. Es ist unendliche Glückseligkeit. Denn auf der Ebene der Zeit, in der Dualität, hast du lange unendlich viele Mühen auf dich genommen, bis du hier jetzt an deinem Wunsch nach Einssein, nach vollständigem göttlichen Gewahrsein angekommen bist. Egal was ist, was sein wird, es gilt anzuerkennen, daß du, der du dich lange Zeit als Individuum mit deinem Namen, mit deinem Körper, mit deinen Charaktereigenschaften identifiziert hast, an diesem Punkt angelangt bist. Es ist die Zeit gekommen, daß mehr und mehr Menschen sich von den dualen und karmischen Verstrickungen ihres menschlichen Seins lösen, um für immer und ewig mit dem zu verschmelzen, was sie in Wahrheit sind, göttliches Sein.

Du, der du in Wahrheit göttliches Sein bist, du bist angesprochen. Du bist aufgefordert, dir für immer göttlichen Seins gewahr zu sein. Und das ohne Ziel, ohne Druck und ohne Flucht. Egal wie, du bist bereits unendliches göttliches Sein. Was kann dir schon passieren? Und nun, du göttliches Wesen, göttliches Sein, das sich in einem menschlichen Körper ausdrückt, du, der du nicht getrennt von "ES", göttlichem Sein, das zu dir spricht, bist. Du bist beschützt und du bist vollkommen zu jeder Zeit. Es kann und wird dir nichts passieren, egal wie groß deine Angst ist, deine Identität zu verlieren. Egal wie groß deine Angst ist, dich an nichts mehr festhalten und dich auflösen zu können. Es kann dir nichts Großartigeres geschehen, als daß du dich für immer und ewig in göttlichem Sein erkennst und für immer und ewig dir göttlichen Seins gewahr bist. Du kannst nichts verlieren außer deinen Identifizierungen, außer dem, was du glaubst zu sein. Und auch die

Bedrohung deines Egos, die du in manchen Momenten verspüren magst und die dich vielleicht wütend und abwehrend sein läßt, kann das, was du in Wahrheit bist, nicht zerstören. Du hast dich so lange Zeit mit dem identifiziert, was in der Dualität, in der Trennung existiert. Du hast dich so lange Zeit mit deiner Geschichte, mit deiner Person, mit deinem Namen identifiziert, daß "ES" weiß, wie stark die Bedrohung und wie groß die Angst in euch Menschen ist, all das verlieren zu können und dich für immer in der Unendlichkeit aufzulösen. Hab keine Angst, du kannst in Wahrheit nichts verlieren. Du kannst nur Glückseligkeit, Unendlichkeit und Einssein erkennen und für immer gewinnen, das gewinnen, was du schon immer bist. Das erkennen, was du gestern warst, heute bist und morgen sein wird. Das zu erkennen, wo sich die Zeit auflöst. Das zu erkennen, was du immer und ewig bist.

Unendliche göttliche Liebe,--- Stille, --- unendlicher Friede,--- göttliches Sein, --- Unendlichkeit,-- alles, was ist. ------

"ES" und du und alles, was ist, verschmelzen zu einem einzigen Sein - jetzt.

"ES" wünscht dir viel Spaß, viel Freude und Glückseligkeit und letztendlich die Erkenntnis dessen, was du in Wahrheit bist.

"ES" wünscht dir vollständiges göttliches Gewahrsein zu jeder Zeit - jetzt.

Es lebe dein Mut, göttlichem Sein, dem Einssein mit Gott, zu folgen. Es lebe dein Mut, das Einssein mit Gott und mit allem, was ist, wahrhaftig zu suchen und wahrhaftig zu finden, damit die Suche eines Tages, vielleicht jetzt,--- enden wird oder beendet ist.

16

Jenseits deiner Identifizierungen

Alles, was du bist, und alles, was existiert, ist in sich göttlich. Trennung existiert nicht wirklich. Trennung existiert nur in deinem Bewußtsein, in deiner Welt, in eurer Welt der Identifizierungen. Und dies wird "ES" immer wieder betonen, damit du erkennst, daß Trennung nicht existiert. Viele von euch wissen dies bereits, denn viele von euch sind schon lange auf der Suche nach sich selbst. Viele von euch hörten davon, daß Trennung nicht existiert und wir alle eins sind, unendliches göttliches Sein. Doch aus eurem Bewußtsein der Dualität ist es wirklich schwer zu begreifen, daß wir All - Eins sind, daß nichts und alles existiert, daß wahres Sein jenseits aller Identifizierungen existiert. Und so ist es wichtig, daß dies nicht ein Wissen bleibt, von dem du nur gehört hast. Es wird wichtiger, daß diese Erfahrungen, die einige von euch bereits gemacht haben, sich ausdehnen, selbstverständlicher werden und daß mehr und mehr das Bewußtsein der Trennung weicht. Und so ist es notwendig, euch immer wieder mit dem, was euch aus eurem dualen Blickwinkel verwirrend erscheint zu konfrontieren. - "Nicht-Zeit" - "Nicht-Raum" - "Nicht-Trennung" - "Nicht-Dualität". Einssein, Freisein und unendliches göttliches Sein sind aus eurer Sicht schwer zu begreifen, schwer einzuordnen. Wirkliches Begreifen des unendlichen Seins, Verstehen in Form von Gedanken, Strukturen und Konstrukten, ist letztendlich nicht möglich. Denn in dem Raum unendlichen Seins, in dem alles und nichts existiert und sich alles im Nichts auflöst, existieren eure Formen, eure Strukturen und eure Gedankenformen nicht mehr. Sie lösen sich auf. Und so ist es natürlich schwierig, wenn ihr in dem Bewußtsein dualen Denkens seid, unendliches Sein zu begreifen. Es ist ein Absurdum, ein Widerspruch an sich und dennoch ist es unumgänglich, daß du irgendwann deinem Ruf, deinem Wunsch nach unendlichem Sein, Unendlichkeit und unendlicher Liebe folgst. Auch wenn du an Grenzen des Begreifens, an Grenzen des Verstehens, an die Angst, dich aufzulösen, stößt. Dein Mut und deine Suche lohnen sich.

Es lohnt sich, dich auf den Weg zu machen.

Es lohnt sich, daß du bereits auf dem Weg bist, unendlichem Sein begegnen zu wollen.

Es lohnt sich, daß du deiner Sehnsucht nach Erleuchtung folgst.

Es lohnt sich, daß du zur Quelle, zum Einssein, zurückkehren willst.

Es lohnt sich, wenn du den Wunsch oder das Verlangen spürst, jetzt, - und nicht erst nach weiteren Hunderten von Inkarnationen oder wenn dein Körper stirbt, in dieses unendliche göttliche Sein einzutreten.

Es lohnt sich, deiner Sehnsucht und deiner Erinnerung Gehör zu schenken.

Es lohnt sich, dich aus dem Schmerz der Dualität befreien zu wollen.

Es lohnt sich, dich auf den Weg der Heimkehr zu göttlichem Sein in einem menschlichen Körper zu machen.

Es lohnt sich, denn die Zeit, in göttlichem Bewußtsein,
in göttlicher Liebe, in einem menschlichen Körper zu leben,
ist mehr und mehr gekommen.
Die Zeit zu erkennen, daß du bereits vollkommen
und göttlich bist, ist jetzt da –
nicht gestern, nicht morgen, nicht irgendwann - jetzt.
Du bist vollkommen und frei in jedem Moment.

Du mußt dich nur erinnern. Das göttliche Selbst,
göttliches Sein, unendliche göttliche Liebe sind immer
vorhanden, immer und ewiglich.
Göttliches Sein, göttliche Liebe sind unzerstörbar.
Göttliche Liebe und göttliches Sein, das du und alles, was
ist, sind unvergänglich. Es stirbt nicht.
Es wird nicht geboren.
Es ist das, was ewig ist. Es ist das, was unzerstörbar und
unvergänglich ist. Es ist das, was du schon immer warst,
was du immer sein wirst, was zeit- und raumlos ist und
was du durch den Schleier der Dualität vergessen hast.
Du hast dich identifiziert mit Charaktereigenschaften,
mit Gefühlen, mit äußeren Dingen und inneren Dingen,
die du glaubst zu sein. Doch du bist das nicht.
Das, was du bist, ist unsterblich und ewiglich.

Du bist nichts anderes als das, was auch alles andere, was existiert, auch alle anderen Menschen und Wesenheiten im Universum sind, unendliche Liebe, unendliches Sein, in dem sich alle Unterschiedlichkeiten, alle Begrenzungen auflösen. Es ist Sein in Liebe. Und nimm wahr, während "ES" hier von allem und nichts spricht, was deine Angst ist, wenn du die Vorstellung eines identifizierten "Ichs", als das du dich im Großteil deines Bewußtseins wahrnimmst, losläßt. Es ist ungeheuer wichtig, daß du dich auf den Weg machst zu erkennen, womit du dich identifizierst und womit du dich nicht identifizierst. Es ist sehr wichtig zu erkennen, was dein "Ich", deine Identifizierung, dein Sein in deinem Leben ausmacht. Was glaubst du zu sein? Was glaubst du nicht zu sein? Was glaubst du macht dich besonders? Was hebt dich von anderen Menschen ab? Und wo fühlst du dich weniger wert als andere

Menschen? Beginne mehr und mehr dein Spiel zu durchschauen. Stelle dir immer wieder die Frage, womit du dich identifizierst. Glaubst du ein besonders gütiger, ein besonders wütender, ein besonders trauriger Mensch zu sein? Glaubst du hübsch, erfolgreich, ängstlich, schüchtern, weniger wertvoll als andere Menschen, sportlich, intelligent, dumm, eigennützig, egoistisch, uneigennützig oder hilfsbereit zu sein?

Was immer du glaubst zu sein, du bist das nicht. Was du
wirklich bist liegt jenseits deiner Identifizierungen.
Das, was du wirklich bist, ist reines göttliches Sein,
in dem alles und nichts existiert.
Indem du sagst, du bist so oder so und dich mit dem
identifizierst, schließt du andere Dinge des Lebens aus.
Du beschränkst dich auf einzelne Aspekte des Seins,
und letztendlich schaffst du damit Trennung.
Du bist nicht ein Aspekt des Ganzen.
Du bist alles, und alles ist in dir.

Natürlich drückt sich das Göttliche bei dem einen von euch mehr in dieser oder jener Form aus, was auch ein wahrer göttlicher Ausdruck ist. Das heißt nicht, daß sich nicht auf der menschlichen Ebene göttliches Sein in unterschiedlichen Formen ausdrücken kann. All dies sind Aspekte göttlichen Seins, und dennoch ist das, was du bist, nicht dieser einzelne, spezielle Ausdruck göttlichen Seins.

Du bist die Quelle, du bist der Ursprung,
du bist alles, was ist.

Wenn du dich mit irgendetwas zu sehr identifizierst, bist du gefangen. Du bist nicht frei, das zu tun und das zu hören, wie sich göttliches Sein in jedem Moment durch deinen Körper auszudrücken vermag.

Durch den Filter, durch den Nebel der Identifizierungen
läßt du bestimmte Dinge zu, andere Dinge nicht.
Du behältst die Kontrolle darüber, wie du dich ausdrücken
darfst, bzw. wie sich göttliches Sein durch deinen Körper,
dein menschliches Sein, ausdrücken darf und wie nicht.
Du behältst die Kontrolle darüber, was du bist
und was du nicht bist. Das ist nicht wahr.
Du bist alles und nichts. Du bist göttliches Sein.
Und wenn du in unendliches göttliches Sein eintrittst,
bist du mit allem, wie sich durch dich das Göttliche
ausdrücken will, in Frieden, - weil du dir in dem einzelnen
Ausdruck des Ganzen der Einheit bewußt bist.

Du bewegst dich in einem Bewußtsein unendlichen Seins und du spürst, daß das, was du tust, daß das, wie du auf Erden bist, das, was deine Aufgabe ist, nicht "du" bist. Nicht deine Person, nicht deine Identifizierung, sondern ein Weg, eine Möglichkeit, wie sich das Göttliche als Ganzes, das du bist, für einen bestimmten Moment ausdrücken mag. "ES" weiß, wie schwer für euch Menschen die Vorstellung ist, kein wirkliches eigenes "Ich" zu besitzen. Auf der Ebene der Dualität scheint ihr wirklich dieses Ego zu besitzen und zu sein. "ES" möchte euch nicht sagen, daß es schlecht ist, ein Ego zu haben, denn auf der Ebene der Dualität existiert ein Ego. Du wirst nicht zu göttlichem Sein zurückkehren können und nicht in das Bewußtsein göttlichen Seins eintreten können, wenn du gegen dein Ego ankämpfst. Du wirst diesen Kampf immer verlieren. Du kannst frei sein und dich mehr und mehr von den Beschränkungen deines Egos befreien, indem du es annimmst, indem du erkennst, daß es seine Funktion auf der Ebene der Dualität hat. Der wichtige Schritt ist, daß du dich nicht mit dem Ego identifizierst, daß du nicht glaubst, nur dein Ego mit den einzelnen Identifizierungen zu sein, sondern daß du weißt, fühlst und dir gewahr bist, daß du alles und in Wahrheit göttliches Sein bist und daß du göttliches Sein, göttliche Liebe niemals verlassen hast und auch niemals verlassen wirst. Es ist die Frage, wohin du gehst, ob du den Mut hast, dich Schritt für Schritt und eines Tages ganz in den Ozean unendlichen Seins fallen zu lassen und zu erkennen, daß deine wahre Essenz, dein wahres Sein, zu jeder Zeit göttlich ist.

Du mußt dich nicht zu göttlichem Sein entwickeln, bis du irgendwann vollkommen bist. Es ist so, daß deine Essenz bereits vollkommen und göttlich ist und daß du zu dieser Erkenntnis, zu diesem Sein, zurückkehrst und dich für immer erinnerst. Du mußt dir dieses Sein nicht erst erarbeiten. Es ist vorhanden immer und immerwährend. Es ist das, was immer und ewig ist. Es ist niemals verschwunden. Es hat dich niemals verlassen. Insofern kannst du dich, kannst du nichts vervollkommnen. Das Ewige, das Vollkommene ist schon immer da. Das, was du tun kannst und was du geschehen lassen kannst, ist, dich aus dem Horizont dessen, was du glaubst zu sein und dessen, mit dem du dich identifizierst, zu befreien und zu erkennen, daß du unendliche Liebe, unendliches Sein, bist. Und so ist es wichtig zu sehen, worüber du dich mit deinem Ego identifizierst. Was glaubst du zu sein, was du letztendlich gar nicht oder nicht ausschließlich bist? Wo verleugnest du dein wahres göttliches Sein? Und wenn du ehrlich bist, genau hinschaust und dich wirklich beobachtest, aus welchen Motivationen heraus du einen Tag lang handelst, dann wird dir deutlich werden, daß es manchmal nur Sekunden sind, in denen du wirklich frei und dir deines göttlichen Seins bewußt und gewahr bist. Die meiste Zeit bist du gefangen in dem, das du glaubst darstellen zu müssen, das du glaubst, ein bestimmtes Gefühl zurückhalten zu müssen, das du glaubst, dies oder jenes tun zu müssen, um von dir und von anderen geliebt zu sein. Die Identifizierung mit deinem Ego ist so unglaublich groß und so unglaublich machtvoll und selbstverständlich, daß du dir dessen die meiste Zeit gar nicht bewußt bist. Würdest du dir bewußt sein, wie sehr du dich in den meisten Momenten von wahrem göttlichen Sein abgetrennt hast, wäre der Schmerz unglaublich groß. Und so vergißt du und so bist du in dem Schleier der Dualität gefangen. Und wisse, es ist möglich und wird dir immer mehr möglich sein, dich zu befreien, dein Leben aus unendlichem göttlichen Sein zu leben und dein Ego zu sehen, es anzunehmen, es kommen und gehen zu lassen und ihm kein Gewicht und nicht deine Identifizierung zu geben. Wenn du in dem Gewahrsein göttlichen Seins, göttlicher Liebe, bist, hat das Ego über dich keine Macht und keine Kraft mehr. Es darf da sein, du nimmst es in Liebe an, aber es kann dich nirgendwo mehr hinführen, wo du dich in Leiden und in Abgetrenntsein verstrickst. Es kann dir nicht mehr vorspielen, daß du getrennt bist, daß du einzeln, anders und nicht all-eins bist. Es hat dann seine Macht verloren.

Also, jetzt zu diesem Zeitpunkt und für die nächste Zeit, werde dir deiner Identifzierungen bewußt! Schau dir an, womit du dich identifizierst! Was hält dich gefangen?

Was macht die Erkenntnis mit dir, daß es nichts Getrenntes, keine wirkliche Identität gibt? Ist es Freude, ist es Angst? Schau deine Gefühle, deine Gedanken an und sei dir der göttlichen Kraft, der göttlichen Essenz gewahr, die dich immer umgibt und die du immer bist. Und schau, in welchen Momenten du dir deiner göttlichen Essenz gewahr bist und wann Schmerz, Verletzungen und andere Formen, mit denen du dich sonst identifizierst, dein wahres Sein nicht wirklich berühren können (in der Form, daß du dich darin verlierst, in der Form, daß du dich mit dieser Verletzung, mit diesem Schmerz, mit dieser Freude identifizierst).

Es ist deine Reise zu vollständigem Erwachen.
Es ist nicht wirklich nur deine Reise.
Es ist auch die Reise eines jeden,
der dieses Buch liest.
Und es ist auch nicht nur die Reise eines jeden,
der dieses Buch liest.

Es ist die Reise eines jeden Menschen.

Es ist die Reise in vollem Bewußtsein, zur göttlichen Quelle, zu göttlichem Sein, zurückzukehren. Es ist die Reise zu erkennen, daß du göttlich und unsterblich bist.

Es ist die Reise zu erkennen, daß nichts getrennt voneinander existiert.

Es ist die Reise der Menschheit durch das Geschenk der scheinbaren Trennung und durch die vorübergehende Identifizierung mit dem Körper, mit dem Selbst eines Menschen, völlig bewußt das Göttliche zu erkennen, des Göttlichen gewahr zu sein und zu dem Göttlichen zurückzukehren.

Es ist nicht eine einzelne Reise.
Es ist die Reise eurer gesamten Menschheit.

Es ist der Wunsch und die Sehnsucht, es ist der Ruf und die Bestimmung eines jeden Menschen, einer jeden Seele, zu göttlichem All - Einssein zurückzukehren. –
Nicht einmal zurückzukehren, sondern zu erkennen, daß du es schon immer warst, immer bist und immer sein wirst. Dich zu dieser Erkenntnis, zu göttlichem Sein, zu führen, ist die Absicht dieses Buches, das ist die Absicht von "ES", göttlichem Sein, das letztendlich keine Absicht kennt. Es gibt keine Absicht. Es gibt nur göttliches Sein. Und dennoch, dieses göttliche Sein, das sich in Worte geformt hat und das hier als "ES" zu euch spricht, möchte euch Hilfe auf eurem Weg geben.
Es ist die Bitte von Barbara ausgesprochen worden, ihr auf ihrem Weg der Heimkehr zum Gewahrsein göttlichen Seins, zu vollständigem Erwachen, Hilfe zu geben. Doch letztendlich ist es nichts Persönliches, nichts, das nur mit der Person "Barbara" zu tun hat. Es dehnt sich weiter aus zu euch, zu dir, und auch bei dir macht es nicht halt. "ES" wendet sich an euch alle. Es ist nicht ihr Privileg und es ist auch nicht nur ihr Wunsch, daß "ES" sich an euch, an dich, wendet. Es ist Resonanz, es ist Unendlichkeit. Es ist der Ruf, daß "ES", das letztendlich auch ihr seid, sich an euch wendet. Wobei "ES" sich nicht wirklich an euch wendet. "ES" ist. "ES" ist Sein. Doch es ist nur eine Möglichkeit, durch dieses Buch mit "ES" in Kontakt zu kommen. Es ist eine Möglichkeit, deinem Wunsch, der Sehnsucht, vollständig heimzukehren, in vollständigem göttlichen Gewahrsein zu leben, zu folgen.

"ES" ist überall. Du kannst göttlichem Sein überall und in jedem Moment begegnen. Göttliches Sein, "ES", findet sich überall wieder. Und wenn du "ES", göttliches Sein, finden willst, wirst du an einem bestimmten Punkt nicht mehr daran vorbeikommen zu erkennen, daß es keine Form, keine Worte, keine Bezeichnung und nichts mehr gibt. "ES", göttliches Sein, läßt sich nicht durch Konzepte oder durch Formen begreifen. Es läßt sich nicht fassen. Denn das Einordnen, das Bezeichnen holt es aus der Erfahrung des Seins heraus. Der Gedanke, die Bezeichnung, ist letztendlich schon das Verlassen göttlichen Seins. Begreife: "ES", göttliches Sein, ist unendlich. Es kann nicht wirklich erfaßt werden. Es kann nicht wirklich beschrieben, nicht wirklich verstanden werden. Du kannst dir göttlichen Seins gewahr sein, zu göttlichen Sein, das du bereits bist, werden und du löst dich darin auf. Insofern ist es "ES" nur möglich, dich in Form von Worten, Sprache und Bildern zu einem gewissen Punkt zu führen. Doch dann hört es auf. Dann liegt es an dir, der du letztendlich kein wirkliches "Du" bist, alle Vorstellungen, alle Konzepte fallen zu lassen und das zu sein, was ist. Mit jeder Vorstellung, wie göttliches Sein ist, beschränkst du es und fällst aus ihm heraus, obwohl du dich gleichzeitig immer dort befindest. Es gibt etwas, das dir "ES", göttliches Sein, in Sprache niemals mitteilen kann. Insofern laß dich fallen, und hier wende ich mich eindringlich an dich: "ES", das hier zu dir spricht, kann dich durch Worte nicht vollständig zu göttlichem Gewahrsein führen.

Es kommt auch ein Punkt an, dem es nichts mehr zu tun gibt, an dem du nicht mehr an dir " arbeiten" kannst, an dem Gnade, an dem Unendlichkeit geschieht.

26

Der Wunsch und die Sehnsucht, in einem menschlichen Körper göttlichen Seins gewahr zu sein, ist unendlich wertvoll. Es ist eine wunderbare Kraft, und dieser Wunsch, dieser Ruf, wird euch zu göttlichem Gewahrsein führen. Und auf einer Ebene bedeutet es Arbeit, bedeutet es das Erforschen deiner Selbst, und auf der anderen Seite bedeutet es auch die Erkenntnis, daß du an dir arbeiten und arbeiten kannst und trotzdem nur durch "Arbeit" niemals in vollständiges Gewahrseins göttlichen Seins und göttlicher Liebe gelangen kannst. Es gilt darum, dich zu erinnern, dich selbst als göttliches Sein zu erkennen, und dies ist nicht mit Arbeit und nicht mit Mühe erreichbar. Es ist Gnade, es ist Geschehenlassen. Es ist Erkenntnis. Gleichzeitig ist es wichtig, in der Ebene der Form, in der du dich befindest und mit der du dich immer noch identifizierst, dich weiterhin selbst zu erforschen und trotzdem dir aus dem Wunsch nach Erleuchtung, nach vollständigem Erwachen, keinen Leistungsdruck zu machen. Laß los. Tu deinen Teil. Sei dankbar und in Liebe für den Moment, in dem du dich befindest, auch wenn du dich nicht bewußt mit deinem ganzen Sein in göttlicher Liebe und göttlichem Sein befindest. Selbst wenn du dich als getrennt wahrnimmst, bestrafe dich dafür nicht. Gehe Schritt für Schritt deinen Weg in Liebe und Annahme für das, was du bist, in jedem Moment. Und selbst wenn du dich so stark identifizierst und verstrickst, wie du dich nicht mehr verstricken und identifizieren könntest, selbst wenn du so weit entfernt von göttlichem Sein bist, wie du nur sein kannst, mache deine Sehnsucht und deine Suche nach Erleuchtung nicht zu einer weiteren krampfhaften Anstrengung. Leistungen erbringen zu müssen und dich zu verurteilen, daß du noch nicht "soweit" bist, führt dich nicht zu göttlichem Gewahrsein. Du bleibst dann wieder in diesem Aspekt gefangen. Verurteile dich nicht, wenn du siehst, daß du göttliches Sein verlassen zu haben scheinst. Alles ist so, wie es ist, vollkommen. Auf der Ebene göttlichen Seins, unendlicher göttlicher Liebe, ist alles so vollkommen, wie es ist - bist auch du in diesem und in jedem anderen Moment vollkommen. Also, du Leser dieses Buches, Reisender, Suchender, Findender - du bist willkommen und du bist glücklich, daß du diesen Ruf nach unendlichem göttlichen Sein vernommen hast und ihm folgst. Gib auf deine Art und Weise dein Bestes und dann laß los. "ES" möchte behilflich sein mit diesem Buch, mit dieser Reise, dir das, was ihr als Erleuchtung bezeichnet, näherzubringen. Es sind so viele Verwirrungen, falsche Vorstellungen, so viele Erwartungen, so viele Tabus mit dem Begriff, mit eurer Vorstellung von Erleuchtung verbunden. Und eines der "Anliegen" von " ES " ist es, dir all dies ein wenig verständlicher zu machen, soweit es überhaupt möglich ist, göttliches Sein, unendliches Sein, verständlich zu machen. Dies ist nur eingeschränkt möglich. Doch es ist weitaus mehr möglich, als es bis jetzt in eurer Gesellschaft, in euren Vorstellungen von Erleuchtung und göttlichem Sein möglich war. Und diesen Weg möchte "ES" euch ein wenig erleichtern, "ES", göttliches Sein, das einen Ausdruck findet auch durch dieses Buch. Und ich betone hier: auch. Denn göttliches Bewußtsein und eure Suche nach Erleuchtung sind nicht auf dieses Buch beschränkt.

"ES", göttliches Sein, wird sich mehr und mehr auf eurem Planeten und in eurem Umfeld ausbreiten.

Die Zeit, das Tabu der Erleuchtung zu brechen,
ist gekommen.
Die Zeit, daß Erleuchtung, wie ihr es bezeichnet,
eine ungewöhnliche, seltene und weit entfernte
Ausnahme ist, geht vorbei.
Die Zeit, daß Erleuchtung nur in Indien möglich
zu sein scheint, ist auch vorbei.
Die Zeit, daß vollständiges Erwachen auch in euren
westlichen Ländern möglich ist, ist gekommen,
und es war schon immer möglich.
Es ist die Zeit der Befreiung,
die Zeit der Befreiung von veralteten Vorstellungen von
Erleuchtung, von vollständigem Erwachen.

Und so spricht "ES" als Diener auf eurem Weg des vollständigen Erwachens, auf eurem Weg der Sehnsucht nach Erleuchtung. Und an dieser Stelle möchte "ES", göttliches Sein, euch zu vollständigem Erwachen, das jetzt und zu jeder Zeit möglich ist, ermutigen. Denn du bist es bereits, du mußt dich nur erinnern. "ES" kann das nicht für dich tun, auch nicht dieses Buch, keine Art der Übermittlung. Es gibt einen Punkt, da können dir Worte und Konzepte nicht mehr weiterhelfen. Das ist der Punkt, an dem sich alle Sprache, alle Konzepte, alles auflöst. Es ist die vollständige Bereitschaft, dich in alles und nichts fallen zu lassen. Hier existieren kein Konzept, kein Richtig und Falsch, keine Worte und keine Anleitung mehr. Hier einzutreten ist Gnade und dabei kann dir auch dieses Buch und niemand anders mehr helfen. Trotzdem, seid voller Zuversicht, ihr und alle Menschen auf dem gemeinsamen Weg. Und eigentlich seid ihr auf keinem Weg irgendwohin, denn ihr seid bereits göttliches Sein und göttliches Bewußtsein.

So ist es "ES" eine Freude, durch dieses Buch mit dir und mit allem, was ist, in Kontakt zu sein. Auf der Reise ins Nichts löst "ES" sich wieder in unendliches göttliches Sein, in unendliche göttliche Liebe, auf. --- Du kannst "ES" folgen. -- Stille, unendliches Sein, unendlicher Frieden.

Erleuchtung, - Mißverständnisse und Tabus

Das Sein in Erleuchtung, wie ihr es bezeichnet und wie ihr es euch vorstellt, unterscheidet sich von dem, wie sich Erleuchtung oder Einssein mit "Gott" wirklich gestaltet.

*Zuerst einmal wisse, dein "Ich", sprich "du",
kann gar nicht erleuchtet werden.
Hier beginnt das erste Mißverständnis.
Es geht davon aus, daß du nicht ganz und bereits
vollkommen bist. Es scheint, als müßtest du dich mit der
Person, mit der du dich identifizierst, soweit
weiterentwickeln, daß du erleuchtet und "perfekt" wirst.
Doch das ist nicht der Fall. Erleuchtung oder, anders
gesagt, Einssein mit Gott, findet dann statt, wenn du dich
an das bereits Vollkommene erinnerst, wenn du eintrittst in
einen Raum, der raumlos ist, in dem du als Person, die
erleuchtet werden muß, gar nicht mehr existierst.*

"ES" weiß, wie schwer das für dich zu verstehen ist. Um so wichtiger mag es für dich sein, es immer wieder einmal zu hören, immer wieder deine Vorstellungen und deine Konzepte von Erleuchtung zu beleuchten, zu verändern und dich zu öffnen. Und auch hier ist es wieder wichtig, daß du das, was ich dir mitteilen möchte, nicht zu einem neuen Konzept, zu einem neuen Bild macht. Es scheint aus dem Blickwinkel der Dualität, aus dem Blick menschlichen Seins, unmöglich zu sein, Dinge nicht zu kategorisieren, nicht in eine Form und in ein Konzept zu bringen. Es ist vielleicht für dich bis zu einem bestimmten Punkt hilfreich und in Ordnung, wenn du dein Konzept der Erleuchtung erweiterst. Es kann eine Hilfe sein, daß dein

Konzept von Erleuchtung sich weiterentwickelt und näher an die Wirklichkeit rückt. Doch vergesse niemals, selbst wenn dein Konzept sich der Wahrheit und der Wirklichkeit annähert, ist und wird es immer nur eine Annäherung sein.

Du wirst mit einem Konzept nicht das immerwährende göttliche Gewahrsein betreten können.
Ab diesem Punkt mußt du dich fallen lassen
in das Meer unendlichen Seins, muß du dich fallen lassen
in das Meer unendlichen Friedens, muß du bereit sein,
alles, was ist, aufzugeben, alles, was ist, loszulassen,
um dem Nichts, der unendlichen göttlichen Liebe,
für immer zu begegnen, ihr für immer gewahr zu sein.

Stille - Frieden - unendliches Sein. --- Fühle diese Worte, diesen raumlosen Raum und diese Energie. Und immer wieder ist es im Ablauf, in der Zeit, in der du dieses Buch liest, wichtig, nicht nur zu lesen, sondern dich mit der unendlichen Stille, mit unendlichem Sein, unendlichem Frieden zu verbinden. Es ist wichtig, daß du immer wieder göttlichen Seins gewahr bist und wirst, so daß eines Tages aus der immer wieder einmal stattfindenden Erfahrung ein für immer und ewigliches Gewahrsein unendlicher göttlicher Liebe, unendlichen göttlichen Seins, wird. Und dazu ist es unglaublich wichtig, daß du dich nicht nur auf ein Verstehen, auf ein Begreifen, auf eine Idee von Erleuchtung stützt. Dieser raumlose Raum, dieses Sein ist nicht durch deinen Verstand und nicht durch deine Gedanken allein zu erreichen. Sein ist einfach Sein, unendliches Einssein. Deshalb erinnere dich und tauche ein, laß dieses unendliche Sein, unendliche Liebe, geschehen, laß "deine eigene" Göttlichkeit unendlich sein. Nichts von dem, das "ES" dir in diesem Buch erzählt, nimmt dir das Erkennen unendlichen göttlichen Seins, das Sein in einem unendlichen Raum, in unendlicher Liebe, ab. Nichts außer unendliches Sein selbst ist unendliches Sein. Nichts als unendliches Sein selbst, unendliche Liebe, nichts existiert in Wahrheit. A les andere ist Projektion. Und so laß, auch wenn es manchmal schwer zu verstehen ist, die Anregungen von "ES", das zu euch spricht, all die Bilder und Gedanken zu und halte dennoch nicht an ihnen fest. Und wenn dich die Bilder, Übermittlungen von "ES", verwirren und dich vielleicht auch wütend machen, laß die Verwirrung und diese Wut zu. Es ist deine Angst, der Unendlichkeit zu folgen, unendlichem Sein, 'ES", allem und nichts, göttlicher Liebe, für immer zu begegnen. Es ist deine Angst, deine Identifizierungen aufzugeben. Es ist vielleicht deine Angst, dich aufzulösen und für immer als eigene Identität im Meer der Unendlichkeit zu verschwinden, dich im Meer der Unendlichkeit aufzulösen. Und an dieser Stelle möchte "ES", göttliches Sein, ansetzen, um mit dir verschiedene alte Vorstellungen von dir zu überdenken, deiner Angst zu begegnen und dir eine, wenn auch eingeschränkte und nicht absolute Art der Anweisung geben.

Und nun frage dich einmal wirklich, was du dir unter Erleuchtung vorstellst?

Wie ist dein Bild von einem erleuchteten Menschen, von einem Menschen, der in vollem Gewahrsein seines göttlichen Seins, in vollständigem Gewahrsein der Unendlickeit lebt?

Wie drückt sich "Erleuchtung" als Mensch auf der Erde aus?

Was stellst du dir vor?

Wie ist dein Bild von einem erleuchteten, in vollem göttlichen Gewahrsein lebenden Menschen?

Frage dich und laß dir Zeit für jede dieser einzelnen Fragen. Laß dir Zeit und stelle dir jede Frage wirklich ernsthaft. Und dann frage dich, was dir an diesen Vorstellungen Angst macht. Wovor hast du Angst?

Und prüfe genau, was gibt es für alte "Ammenmärchen", für alte Vorstellungen, was ein "erleuchteter Mensch", ein Mensch in vollem Gewahrsein göttlicher Liebe tun und nicht tun, sein und nicht sein darf? Wie hat das Leben eines erleuchteten, in vollständigem göttlichen Gewahrsein lebenden Menschen auszusehen?

Was glaubst du, was dieser tut und nicht tut?

Was glaubst du, wie ein Mensch überhaupt zu vollständigem göttlichen Gewahrsein gelangen kann?

Versuche dein Bild, deine Vorstellung, deine Angst und vielleicht auch deine Scham in Bezug auf ein Leben in vollständigem göttlichen Gewahrsein auf Erden zuzulassen und wahrzunehmen.

Das sind enorm wichtige Fragen. Es sind Fragen, die du dir wirklich stellen solltest. Welche Fragen gibt es in dir, welche Zweifel, welche Unsicherheiten? Glaubst du vielleicht, daß es ein Zeichen für vollständiges göttliches Gewahrsein auf Erden ist, zu allem ja zu sagen? Das ist auch auf einer Ebene der Fall. Göttliches Sein sagt ja zu allem, was ist, so wie es ist. Das heißt aber nicht, daß göttliches Sein auf einer praktischen, menschlichen Ebene sich nicht auch in einem Nein ausdrücken kann.

Wenn du dir all diese Fragen gestellt hast, dann lese jetzt weiter. All diese Fragen sind wichtige Schlüssel, um dir, göttlichem Sein, näherzukommen. So laß diese Fragen immer wieder einmal zu. Es ist ein Prozeß. Göttliches Sein, "ES", ist All-Einssein, in dem nichts und alles existiert. Und so ist zuerst einmal wichtig für dich zu wissen, daß es keine konkrete Form gibt, daß Erleuchtung keine konkrete Form, keinen bestimmten Ausdruck des Lebens gepachtet hat.

Leben in vollständigem göttlichen Gewahrsein,
in unendlichem göttlichen Sein auf Erden,
muß sich nicht darin ausdrücken, daß du dich aus deinem
Leben zurückziehst, daß du deine Familie verläßt,
daß du nach Indien gehen
und allem Weltlichen entsagen mußt.

Askese ist ein Wort, das ihr oft mit vollständigem göttlichen Gewahrsein, mit Erleuchtung, verbindet, und hier beginnt ein großer Irrtum. Auf der einen Seite ist es so, daß du in vollständigem göttlichen Gewahrsein nicht in irdische Dinge wie auch spirituelle Vorstellungen verwickelt bist. Es ist nicht möglich, wenn du von einer Beziehung abhängig bist, wenn du abhängig bist, geliebt zu werden, wenn du abhängig bist, so oder soviel Geld zu besitzen. Auf eine Art und Weise gilt es, diese Anhaftungen zu lösen, dich zu lösen von dem Glauben, daß du nur glücklich sein kannst, wenn du geliebt wirst und daß du nur glücklich sein kannst, wenn du dieses oder jenes Auto hast, oder wenn du mit einer Familie lebst. Um in göttliches Sein einzutreten, ist es mehr und mehr nötig, deine Anhaftungen zu lösen, ist es notwendig zu erkennen, daß du bereits vollkommen bist in diesem Moment, daß nichts, das in deiner Welt existiert, nötig ist, um glücklich und in vollkommenem göttlichen Gewahrsein zu sein. Das bedeutet wiederum auch, daß du, um vollkommen in unendlichem göttlichen Gewahrsein zu sein, nichts brauchst, dir nichts fehlt, das zur Vervollständigung deiner selbst notwendig ist. Du bist bereits vollkommen. Letztendlich existierst du als Person gar nicht. Du bist unendliches Sein, alles und nichts, und alles löst sich in ihm auf. Und so ist es natürlich wichtig, daß du auf deiner Reise erkennst, daß du nichts, was in eurer Welt im Außen existiert, brauchst, um vollkommen und in göttlichem Gewahrsein zu sein. Göttliches Sein ist unendliches Sein. Und so ist es natürlich von ungeheurer Wichtigkeit, daß du schaust, wo du in deinem Leben verhaftet bist. Wo bist du abhängig, weil du glaubst, daß du nur mit dieser Erfahrung, mit diesem Aspekt, mit diesem Menschen glücklich und vollkommen und all-eins sein kannst? Es gilt wirklich, all deine Anhaftungen loszulassen. Und dies ist vielleicht ein Aspekt, der im weitesten Sinne in Verbindung mit Askese steht. Es ist ein wichtiger Aspekt, daß du dich von deinen Verstrickungen befreist. Wenn du nicht bereit bist, all deine Verstrickungen, all deine Anhaftungen, die dir nicht dienen, loszulassen, kannst du nicht in unendliches göttliches Sein, das du bereits bist, eintreten, denn du hältst dich mit genau dem, womit du dich identifizierst und von dem du glaubst, abhängig zu sein, in der Trennung und in dem Verschleiern und in dem Nicht - Erkennen deiner eigenen Vollkommenheit und Göttlichkeit. Also schau dir an: Wo bist gefangen? Was bist nicht bereit, loszulassen? Was bist du nicht bereit, herzugeben, um dich unendlichem Sein, unendlicher göttlicher Liebe zu öffnen und in dieses Sein für immer einzutreten?

Das muß nicht heißen, wie viele von euch es verstehen,
daß alles, was in deinem Leben existiert,
daß alles, was dir " wichtig" ist,
zurückgewiesen werden müßte.
Es geht nur um die Anhaftung und um das Verstricktsein.

Es geht nicht darum, daß nichts Weltliches mehr
in deinem Leben existieren darf.
Askese auf der irdischen, praktischen Ebene ist nicht
unbedingt einhergehend mit unendlichem göttlichen
Gewahrsein in einem Leben auf Erden.

Es kann ein Ausdruck sein, daß du dich zurückziehst und vieles aus dem Gewahrsein göttlichen Seins hinter dir läßt und verabschiedest, weil es in dem Moment nicht mehr dem göttlichen Ausdruck deiner selbst entspricht. Göttliches Sein, Gewahrsein unendlicher Göttlichkeit und unendlicher Liebe, ist nicht an eine bestimmte Ausdrucksform gebunden.

Und das ist so wichtig zu begreifen,
daß das Göttliche in allem ist, auch im Irdischen.
Denn durch viele alte Geschichten tragen viele in euch das
Bild eines Asketen in Verbindung mit Erleuchtung,
mit göttlichem Gewahrsein, in sich.
Und besonders ihr, die ihr in der westlichen Welt lebt, wißt:
Erleuchtung, göttliches Gewahrsein, ist nicht an eine Form
des totalen Rückzugs, der totalen Askese, gebunden.
Es gab und gibt immer wieder Menschen in eurer
westlichen Welt, die ein ganz "normales", menschliches
Leben leben, im Gewahrsein unendlichen göttlichen Seins.
Glaubt ihr wirklich, daß göttliches unendliches Sein das
menschliche Leben und seine
vielfältigen Ausdrucksformen total verneint?
Göttliches, unendliches Sein, kann sich in Askese und
totalem Rückzug aus Weltlichem ausdrücken,
genauso wie sich vollständiges göttliches Gewahrsein
auch durch einen Menschen ausdrücken kann,

der eine Firma leitet, in einer Familie lebt und erleuchtet, in vollständigem göttlichen Gewahrsein, ist.

"Du" kannst in vollständigem göttlichem Gewahrsein immer und ewig sein, dennoch will sich göttliches Sein durch deinen menschlichen Körper als Mutter, als Priester, als Lehrer, als Bäcker ausdrücken und dennoch bist du dir in unendlichem göttlichen Gewahrsein bewußt, daß du nicht diese Mutter, nicht dieser Priester, daß du nicht dieser Bäcker bist. Es ist einfach nur eine Form, durch die sich göttliches Sein ausdrückt. Du bist nicht mehr mit der Rolle der Mutter, mit der Rolle der Lehrerin, mit der Rolle des Handwerkers, des Firmeninhabers identifiziert. Du bist frei, du bist unendliches göttliches Bewußtsein, und dieses göttliche Bewußtsein drückt sich in der Form, in der Rolle deines Körpers als Vater, als Mutter, als Ehemann, als Handwerker, als Büroangestellter, als Therapeut aus. Es ist nicht wirklich deine Wahl. Göttliches Sein drückt sich einfach aus. An diesem Punkt ist deine Wahl beendet. An diesem Punkt drückt sich göttliches Sein durch deinen Körper aus. Und es gibt dort keine bestimmte Form, durch die sich göttliches Sein ausschließlich ausdrückt. Es gibt nicht nur eine Form, nicht die richtige und die falsche Form, wie sich göttliches Sein durch deinen Körper ausdrückt. Es ist so unendlich vielfältig. Es gibt kein Falsch und kein Richtig. Es gibt nur göttliches Sein, das sich durch deinen Körper auf eine bestimmte Art und Weise ausdrücken mag. Es ist dann nicht mehr "deine" Wahl, weil du kein Selbst mehr hast, mit dem du dich identifizierst und mit dem du dich entscheiden kannst. "ES" geschieht durch deinen Körper. Göttliches Sein geschieht durch dich. Und dieses göttliche Sein drückt sich nicht nur in Bewegungslosigkeit, Meditation und Stille von morgens bis abends aus. Es kann und mag ein Ausdruck sein, wenn göttliche Sein sich durch deinen Körper so ausdrücken will. Es muß aber nicht der Fall sein.

Und gerade in der westlichen Welt werden viele
Menschen, die in dem Bewußtsein unendlichen
göttlichen Seins sind,
ein auf einer Ebene "weltliches" Leben führen,
ohne daß sie sich wirklich mit der Form,
wie sich das Göttliche
durch sie ausdrückt, identifizieren.

Und so kann es sein, das deine Nachbarin in unendlichem göttlichen Bewußtsein zu Hause ist und vollständig erwacht ist, ihren Sohn zur Schule bringt, vielleicht keinen Ehemann hat und nebenbei ein bißchen arbeiten geht. Es kann auch der Leiter einer Firma sein, der jeden Morgen sein Haus verläßt und abends wieder nach Hause zurückkehrt und seine Frau und seine Kinder liebevoll in den Arm nimmt und der vielleicht in seiner Firma sehr deutliche und klare Standpunkte vertritt, der nein sagt in Klarheit und unendlichem Bewußtsein. Begreife, unendliches göttliches Sein drückt sich nicht nur in einer Form aus. Das Leben eines für immer Erwachten ist nicht auf eine allgemeingültige, bestimmte Form festgelegt. Und das ist wichtig zu erkennen. Auf einer Ebene ist es wichtig zu erkennen, wo du dich in deinem Leben verstrickst, woran du festhältst und was du nicht bereit bist "herzugeben" und wo du in Identifizierungen gefangen bist. Dir dies anzuschauen ist sehr wichtig. All dies hält dich in der Trennung, in dem Schleier der Dualität gefangen. Es heißt nicht, daß wenn du darin verhaftet warst, Besitztümer haben zu wollen, erfolgreich sein zu wollen, ein Haus haben zu wollen, wenn du darin verhaftet warst, dich durch irgendetwas besonders zu fühlen und dich dadurch von anderen zu unterscheiden, daß eben durch das Loslassen deiner Anhaftung nicht irgendwann dein Göttliches Sein "dir" zu einem Haus verhilft oder andere Wünsche in Erfüllung gehen. Nur ist es dann für dich und dein Glück nicht mehr wirklich wichtig, denn du lebst in dem Bewußtsein unendlichen göttlichen Seins. Und letztendlich spielt es in diesem Sein, in diesem Frieden, in dieser unendlichen Stille keine Rolle, ob du dieses Haus hast oder nicht, ob du in einer Hütte lebst oder nicht, ob du der Bankdirektor oder der Mönch bist, ob du dies oder jenes tust oder nicht tust. Es spielt wirklich keine Rolle.

Aus dem Gewahrsein, aus dem raumlosen Raum unendlicher Stille, unendlichen Gewahrseins drückt sich das Göttliche in einem Körper auf Erden vielleicht so aus, daß du eine Familie hast, daß du in einem schönen Haus lebst, deiner Arbeit nachgehst, deine Freunde triffst. Es spielt keine Rolle, und die Dinge, die in deinem Leben existieren, die bereits Ausdruck deines göttlichen Seins sind, werden auch aus dem unendlichen immerwährenden Gewahrsein göttlichen Seins sich gar nicht verändern und verschwinden. Nur das, was in deinem Leben Identifizierungen und Verstrickungen waren, werden sich verändern, was aber auch nicht heißen muß, daß zum Beispiel eine Beziehung, in der es viele Verstrickungen gibt, wenn du dich aus den Verstrickungen befreist, nicht weiter eine Beziehung sein kann. Es kann natürlich auch sein, daß sie beendet ist. Es spielt keine wirkliche Rolle mehr. Du bist dir der Unendlichkeit göttlichen Seins bewußt. Du bist vollkommen. Du bist alles und nichts, unendliche Liebe, und in diesem Raum bist du frei. Laß die Vorstellung, den Gedanken, die Erfahrung zu, daß göttliches unendliches Sein und vollständiges Erwachen in diesem Sein nicht von irgendeiner bestimmten Form, von einem bestimmten Ausdruck abhängig ist. Und lasse zu, daß jedem Menschen von heute auf morgen diese Gnade zuteil werden kann. Eines Tages, auf eurer zeitlichen Ebene gesehen, wird dies ohnehin jedem von euch geschehen, daß euer Bewußtsein für immer heimkehrt, dorthin, wo ihr euch schon immer befunden habt, was ihr schon immer gewesen seid, immer sein werdet und was ihr immer seid. Und so wisse, die Zeit ist gekommen für jeden einzelnen von euch.

Die Zeit ist für dich gekommen, der du dieses Buch liest. Du hast den Ruf gehört, den Ruf, für immer göttlichen Seins gewahr sein zu wollen. Dieser Ruf existiert in jedem von euch Menschen. Doch manche Menschen hören ihn so gut wie nie bewußt. Es sind Schichten und Schleier des Vergessens darübergelegt.

Doch du, der du dich auch immer wieder in den Schleier des Vergessens begeben hast, du hörst auch den Ruf. Du hast ihn gehört, indem du dieses Buch liest. Es gilt, diesem Ruf zu folgen. Es gilt, diesem Ruf, dem göttlichem Sein, dem Einssein, dein Leben zu schenken. Und nicht nur durch dieses Buch. Es ist nur ein Ausdruck. Es gilt, deinem Ruf zu folgen und dich zu erinnern. Es gilt, deinen Ängsten und falschen Vorstellungen von Erleuchtung ins Auge zu schauen.

Es gilt, vielleicht auch einmal zurückzuschauen und dein Leben zu betrachten: Wo gab es Momente, in denen du die Sehnsucht spürtest, für immer in göttliches Sein zurückkehren, göttliches Sein erkennen und eins sein zu wollen? Es gilt zu sehen, wie groß dein Wunsch ist. Es gilt zu schauen, wie stark der Ruf ist und was dich immer wieder hindert, diesem Ruf zu folgen.

Es ist auch wichtig für einige von euch zu wissen: Vollständiges Eintauchen in göttliches Gewahrsein ist bis zu einem gewissen Punkt auch Schritt für Schritt zu erreichen, indem du dich immer mehr von deiner persönlichen Geschichte löst. Vielleicht hast du einen langen Weg der Therapie, verschiedener spiritueller Arbeiten hinter dir und du befreist dich Stück für Stück aus deinen alten karmischen Strukturen, aus den Fesseln deiner alten Geschichten, aus den Fesseln deiner Identifizierungen, aus den Fesseln des Leidens, indem dein Wunsch, dich zu befreien, größer und größer wird.

Und so gibt es mehr und mehr Menschen auf dem Weg vollständigen Erwachens, in denen sich göttliches Gewahrsein Schritt für Schritt ausdehnt, bis sich schließlich gänzlich ihr "Ich", ihre Identifizierungen, auflösen und in unendlichem göttlichen Gewahrsein, im Einssein, in allem und nichts erwachen und in diesem Sein ein Leben leben, das sich durch einen Körper, der nicht "ihr" Körper ist, ausdrückt. Dies ist ein Weg, der in Zukunft, auf eurer zeitlichen Ebene gesehen, von immer mehr Menschen gegangen wird.

So gibt es aber auch Menschen, die sehr plötzlich, wie zum Beispiel durch einen Unfall, durch die Begegnung mit dem Tod, erkennen, daß sie nicht ihr Körper sind und in vollständigem göttlichen Gewahrsein erwachen und es niemals mehr verlassen. Es wird unter anderem auch mehr und mehr Menschen geben, die schon in vollständigem göttlichen Gewahrsein geboren werden.

Dies sind nur einige Möglichkeiten, und dennoch ist es wichtig, daß du dich an keiner Form, an keinem Bild, an

nichts festhältst. Es ist wichtig, dich dem Nichts, der Unendlichkeit, zu öffnen und mit ihr eins zu werden. Eins zu
sein mit dem, was du schon immer bist. Nichts existiert getrennt von dir. Letztendlich existierst du nicht, nur unendliches göttliches Sein, unendliches göttliches Bewußtsein.

Laß immer wieder einmal die gestellten Fragen in dir
zu, die Gefühle, die Gedanken, die Vorstellungen, die mit
vollständigem göttlichen Gewahrsein in einem menschlichen Körper in dir leben. Lasse nicht zu, daß dein
Wunsch, dein Ruf für immer zu erwachen, immer wieder
durch den Schleier des Vergessens in den Hintergrund ge-
rät. Es ist die Zeit gekommen, göttliches Sein, Sein in unendlicher Liebe, in unendlichem Frieden, zu erkennen.

Schließe nun für diesen Moment deine Augen.

Folge "ES", folge dir, folge unendlichem göttlichen
Sein ------ in Stille und Frieden.-----

Alles und nichts ----------------------- Unendlichkeit.

"ES", das zu dir spricht, löst sich in der Unendlichkeit
auf.

Stille ----- unencliches Sein -------------------------------

Der Ruf der Unendlichkeit - die Sehnsucht nach dem Einssein

Göttliches Sein bist auch du. Du warst und wirst es immer sein. Und darüber möchte ich mit dir sprechen. Es mag für dich unvorstellbar sein, daß du unendliches göttliches Sein niemals verlassen hast, daß du immer und ewig unendliches göttliches Sein, unendliche göttliche Liebe und unendliches Bewußtsein bist. Auch jetzt in diesem Moment und in jedem anderen Moment. "ES", das hier zu dir spricht, und du, wir sind nicht getrennt voneinander. Du bist "ES" und "ES" ist "Du" und alles, was existiert, löst sich im Nichts auf. Vielleicht kennst du Momente, in denen du in Berührung warst mit diesem Raum, mit diesem Sein, das auch "ES" und auch "Du" und alles, was ist, ist. Vielleicht kennst du das Sein unendlicher Stille, unendlichen Friedens. Mache eine kurze Pause und tritt ein - jetzt- in die Energie - von "ES". ---- Stille ---- Frieden ------- Unendliches Sein ------------

Du und alles, was ist, löst sich auf im Nichts. Es ist nicht einmal mit Liebe zu beschreiben. ----

Es ist Stille und Unendlichkeit, und jedes dieser Worte versucht auch nur das zu beschreiben, was nicht zu beschreiben ist. Es ist Sein ---- einfaches Sein. Es gibt dort nichts zu tun, nichts zu lassen. Es gibt dort keine Erscheinungen, keine Formen. Es ist frei von allem, was ist. Vielleicht erinnerst du dich. Erinnere dich an göttliches Sein und unendliche göttliche Liebe. Erinnere dich an den Frieden und an die Stille, die du niemals verlassen hast.

Erinnere dich, vielleicht gab und gibt es immer wieder Momente, wo du in dieses Sein gefallen oder eingetreten bist, - dir göttlichen Seins einfach bewußt gewesen bist, denn du bist immer unendliches göttliches Sein. Und wieder nimm dir Zeit und öffne dich unendlichem göttlichen Sein, ------ Stille, --- Frieden, --- unendliches Sein. ----

Wie oft hast du dich nach diesem unendlichen Raum, diesem unendlichem Sein, zurückgesehnt? Wie oft gab es eine Sehnsucht, mit allem, was ist, zu verschmelzen und im Nichts, in der Unendlichkeit, zu sein? - In der Unendlichkeit, in der sich jegliche Identität auflöst, in der Unendlichkeit, wo Schmerz und Leid, du und jemand anders nicht mehr existieren, wo alles in Stille und Frieden ist.

Wie oft hast du dich danach gesehnt? Wie oft hast du den Schmerz der Sehnsucht nach deinem letztendlichen Zuhause, nach deinem letztendlichen Sein, das du schon immer bist, auch jetzt, gefühlt?

Wie groß ist der Schmerz, das vollständige Bewußtsein deines eigenen göttlichen Sein vergessen zu haben?

Wie groß ist der Schmerz der Trennung?

Und hier möchte ich betonen, daß es nicht darum geht, deinen Körper zu verlassen in der Form, daß du sterben mußt, um an fernen Planeten für immer zu deinem wahren Sein zurückzukehren. Es geht nicht darum, irgendwo anders hinzugehen. Es geht nur darum, dich in göttliches Sein, in die Unendlichkeit fallen zu lassen. Und diese ist in dir existent, auf der Erde und überall. Es geht nicht darum, zu fliehen aus deinem Sein auf Erden. Es geht nur darum zu erkennen, daß du nicht dein Körper, nicht dein Name, daß du nicht die Geschichte deines Lebens bist, und auch nicht die Geschichten vieler vergangener Leben, selbst wenn du dies glauben solltest. Du bist wie alle anderen und wie alles andere, das existiert, göttliches Sein jenseits deiner persönlichen Geschichte, und göttliches Sein drückt sich durch dich aus. Der Ruf und die Sehnsucht deines Herzens, in diesem Sein unendlicher göttlicher Liebe in voller Bewußtheit leben zu wollen ist unendlich kostbar, ist unendlich wertvoll. Denn du erinnerst dich an das, was deine Entwicklung, dein Ruf von dir fordert: in vollem Gewahrsein das Göttliche zu sein und in dieses Sein, ins Einssein, zurückzukehren. Zurückkehren ist nicht einmal das richtige Wort. Du bist "ES", göttliches Sein, immer. Du kannst nicht wirklich dorthin zurückkehren, wenn du dort schon immer und ewig bist. Es sind so unendlich viele Schleier des Vergessens über göttliches Sein in eurer Dualität gelegt worden. So viele Schleier und so viel Nebel, die das Sein, göttliches Sein, bis zur Unerkennntlichkeit bringen. Auch du bist in den Schleier der Vergessenheit geraten, um eines Tages in vollem Bewußtsein des Göttlichen gewahr zu werden, um in vollem Bewußtsein göttliches Sein zu erkennen. Das ist das Spiel der Dualität, das Spiel auf eurer Erde, das Spiel des Vergessens.

Das Spiel des Vergessens hat unheimlich viel Leid erzeugt. Das Spiel des Vergessens hat dich glauben gemacht, daß du getrennt bist von allem anderen, was existiert. Es hat dich glauben gemacht, daß überhaupt etwas existiert, was gar nicht der Fall ist. Es hat dich glauben gemacht, daß nur dein Körper, du, dein "Ich", dein Leben, deine Identifizierung Wirklichkeit und Wahrheit sind. Dieses Spiel hat dich glauben gemacht, daß es Gut und Böse, Richtig und Falsch gibt. Es hat dich glauben gemacht, daß du zerstörbar bist. Es hat dich glauben gemacht, daß du deine Geschichte bist. Und auf dieser Ebene ist dies auch der Fall. Doch in Wahrheit bist du Unendlichkeit und unendliches göttliches Sein. Du bist nicht deine Geschichte. Du bist nicht Schmerz. Du bist nicht Wut. Du bist nicht Gut oder Böse. Du bist nicht zerstörbar. Das, was du bist, ist immer und ewiglich und alles, was ist. Denn das, was du bist, ist wahres Sein, wahres göttliches Sein. Wahres göttliches Sein ist unzerstörbar, unvergänglich. Dein Körper, deine Geschichte, deine Identifizierungen, all das ist vergänglich.

Und nun verdeutliche dir, daß es so etwas wie eine Seele gibt, die nach dem Tod deines Körpers weiter reist, vielleicht in einen neuen Körper, zu Gott oder zu einem anderen Planeten. So erkenne weiter, daß es etwas Unsterbliches gibt, egal ob du an Karma, an vergangene Leben, an andere Planeten oder einfach in einem christlichen Verständnis an die Rückkehr deiner Seele zu Gott glaubst. Egal wie, mache dir bewußt, was du letztendlich schon weißt, letztendlich erfahren hast: daß du unsterblich und göttlich bist. Dein Körper und deine Geschichte sind etwas Vorübergehendes und nichts, was für immer wahr und ewig ist. Mache dich auf die Suche nach dem, was ewig und unvergänglich ist. Auf die Suche nach dem, das du Einssein, Nichts, Nirwana, Gott, Liebe, "ES" oder wie auch immer bezeichnest. Du bist es bereits. Deine Suche kann enden dort, wo du bereits bist und schon immer warst. Und letztendlich spielt es keine Rolle, an welche Formen und an welche Geschichten du glaubst. Es spielt auf der letztendlichen Ebene, in unendlichem Sein, keine Rolle, ob du an Engel, an Wiedergeburt, an Karma, oder an etwas anderes glaubst. Es geht darum, dich zu befreien aus dem Gefangensein, aus dem Glauben, daß "du" und alles, was ist, nicht bereits vollkommen, göttlich und unendlich ist. Es ist wichtig, daß du beginnst zu begreifen, daß alle Konzepte, Engel, Meister, planetarische Wesen auch nur Aspekte von Projektionen sind. Und all diese Aspekte von Projektionen lösen sich in göttlichem Sein auf.

Engel, planetarische Meister und Wesen sind euch in dem Schleier des Vergessens eine große Hilfe und sie können wertvolle Arbeit leisten. Und dennoch ist es unglaublich wichtig, daß du daraus nicht neue Identifizierungen machst, daß du dich nicht zu sehr an Konzepten, an Wissen und an Vorstellungen festhältst. Es ist eine Hilfe, doch kann es auch eine Falle werden, wenn du nur an einem Konstrukt, an Gedanken, festhältst und dies für absolut hältst und dich damit identifizierst. Freiheit, das ist deine Wahl. Freiheit, unendliches Sein, dort lösen sich selbst auch Gedanken, Vorstellungen und Energien, die dem Göttlichen sehr nahekommen, auf. Und spüre immer wieder und tritt immer wieder ein in das, was in allem und unendlich ist.

Und wiederum: Das heißt nicht, daß ihr euch aus dem konkreten Leben entfernen müßt. Es gilt nur, nicht an einzelnen Dingen festzuhalten und dich abhängig zu machen. Du kannst dein konkretes Leben in vollständigem göttlichen Gewahrsein weiterführen, wenn es deinem göttlichen Sein entspricht. Es gilt immer wieder zu überprüfen, wo du festhältst. Welchen Dingen gibst du Gewicht? Was zieht dich immer wieder in den Schleier des Vergessens, bzw. wo begibst du dich selbst in den Schleier des Vergessens? Mit welchen Gefühlen? Mit welchen Gedanken? Mit welchen Mustern? Mit welchen Menschen? Sei dir dessen wirklich bewußt. Schau in deinem konkreten Leben, wie dein Schleier des Vergessens aussieht, wo du dich abhängig machst, wo du gefangen bist in dem Schleier des Vergessens, in Gut und Böse, Falsch und Richtig, Wahr und Unwahr, in dem Schleier des Vergessens, dich von anderen zu unterscheiden und etwas Besseres oder auch Schlechteres zu sein.

Nimm dein Leben und alles, was ist, an, so wie es ist, ohne Trennung. Alles, was ist, löst sich in unendlichem göttlichen Sein auf. Dort gibt es kein Besser, kein Schlechter, dort ist alles, was ist, auch auf der Erde bereits göttlich und vollkommen auch zu diesem Zeitpunkt. Du mußt die Welt nicht verändern. Du mußt dich nicht unbedingt für eine bessere Welt einsetzen und kämpfen. Es geht nur darum, den Schleier des Vergessens zu lüften, ohne dein Leben verlassen zu müssen. Es geht darum, den Schleier des Vergessens aufzulösen, um in vollständigem göttlichen Gewahrsein dein Leben auf Erden zu leben. Und es bedeutet kein Entfernen vom Leben. Es bedeutet nur das, was du glaubst zu sein und wovon du glaubst, daß du und dein Leben abhängig sind, damit du glücklich bist, loszulassen und zu erkennen, daß du göttliches unsterbliches Sein bist, das sich die Gestalt deines Körpers für die Illusion deines Aufenthaltes auf Erden gesucht hat.

Es geht darum zu erkennen, daß du göttliches Sein bist, das sich durch diesen Körper, in deiner Arbeit und in deinen Beziehungen ausdrücken mag. Es gibt so unendlich viele Formen, durch die sich göttliches Sein in vollständigem Gewahrsein ausdrücken mag. Und du, der du dieses Buch liest, kannst auch in der westlichen Welt " Freiheit" und unendlicher Frieden, unendliche Stille und vollkommenes göttliches Gewahrsein in jedem Moment sein. Verstehe: "Erleuchtung", wie ihr es nennt, ist gar nicht so weit von dir entfernt. "Erleuchtung", vollständiges göttliches Gewahrsein, ist nicht nur den Menschen in Indien, in Ashrams oder den Menschen, die von morgens bis abends beten und nach euren Vorstellungen ein frommes Leben führen, möglich. All dies ist kein Garant dafür. "Erleuchtung", göttliches Gewahrsein, ist dir möglich so wie jedem anderen auch. Vollständiges Erwachen ist dir jederzeit möglich. Nicht erst in hunderttausend Jahren und nicht erst nach Hunderttausenden von Inkarnationen. Wenn du dieses Buch liest, ist das ein Zeichen, daß du dem Ruf nach Erleuchtung, dem Ruf der Unendlichkeit und dem Ruf vollständigen Erwachens, deiner Sehnsucht nach Einssein, gefolgt bist. Wenn es ein wahrer Wunsch deines Herzens ist, vollständig zu erwachen, dann kannst du nicht weit davon entfernt sein. Der Glaube und die Vorstellung, daß du weit davon entfernt bist, daß du viel frömmer sein und viel mehr meditieren, weniger wütend oder liebevoller sein müßtest, um zu vollständigem göttlichen Gewahrsein zu gelangenhindert dich jetzt, dich "deiner" Göttlichkeit, "deiner" Vollkommenheit, der Unendlichkeit, allem und nichts bewußt zu sein. In Wahrheit bist du immer göttliches Sein, bist du immer das, bist du immer "dort". In Wahrheit existiert kein "Du".

Es geht darum, göttliches Sein in allem, was ist, zu erkennen. Es geht darum, deine Identifizierungen, deine Identifizierung mit deinem Körper, deine Identifizierung mit Angst fallen zu lassen, Schritt für Schritt. Es geht nicht darum, daß du keine Angst mehr haben darfst. Es geht nicht darum, daß nicht immer wieder einmal sich dein Ego melden kann. Es geht nicht darum, daß keine Traurigkeit mehr da sein darf. Es geht nicht darum, daß du dich nicht abgrenzen und nicht Wut empfinden darfst. Es geht nur darum, daß du dich nicht mehr mit deinem Leid, mit deiner Angst, mit deinem Ego, mit deiner Traurigkeit, mit deinem Erfolg vollständig identifizierst. Es geht darum, daß du dir deines göttlichen Selbst vollkommen bewußt bist und Traurigkeit da sein darf, ohne sie zu verstärken und ohne sie zu unterdrücken. Und noch einmal: Es gilt nicht, dich von

Traurigkeit, von Angst und von Lust vollständig zu lösen in dem Sinne, daß al dies ausgemerzt und nicht mehr existent sein darf. Es geht darum, daß du deinen Gefühlen, deiner Angst, deinen Wünschen, deinen Vorstellungen kein übertriebenes Gewicht in Form von Unterdrückung oder in Form von Verstärkung gibst, kein weiteres Gewicht in der Form, daß du dich mit all dem identifizierst und du göttliches Sein, Ewigkeit und unsterbliches Sein vergißt.

Also, wie sieht es aus mit dir? Wie stark ist dein Ruf, dich ins Ewige, dich ins Unendliche, dich in deine Göttlichkeit fallen zu lassen? Was bist du nicht bereit aufzugeben? Was hält dich im Nebel gefangen? Es ist wichtig, dir darüber klar zu sein, woraus sich dein Nebel, dein Schleier, zusammensetzt. Was bist du nicht bereit, hinter dir zu lassen, um in vollständigem göttlichen Gewahrsein zu sein? Sei dir dessen bewußt. Sei dir bewußt, wie dein Schleier des Vergessens aussieht. Und immer wieder frage dich, was wirklich wichtig für dich ist. Was ist das Ziel deiner Reise? Was ist der Sinn des Vergessens? Wohin geht dein Ruf? Und wo hört jede Suche, jedes Ziel, jedes Wünschen, jedes Wollen auf?

Und du wirst erkennen: Jeder Wunsch, jeder Schmerz, jedes Ziel löst sich auf und endet in göttlichem Sein. Die Bereitschaft, dir deinen Schleier anzuschauen ist ungeheuer wichtig. Woran hältst du fest? Was willst du nicht hergeben? Was ist für dich wichtiger als dein vollständiges Erwachen? Es ist wichtig, daß du dir dessen bewußt wirst. Ist es die Verheißung von Glück, das Gefühl von Verantwortung, der Wunsch nach Macht, nach romantischer Liebe, ein guter Mensch zu sein? Ist es der Wunsch nach Reichtum, nach Askese, nach Sicherheit, was dir wichtiger und wertvoller erscheint als göttliches

Sein, Einssein in und mit allem, was ist? Was hält dich zurück?

Und dir diesen Punkt, diesen Aspekt anzuschauen ist von großer Wichtigkeit. Stelle dir immer wieder die Frage, wie groß deine Sehnsucht nach Einssein, dein Ruf zu vollständigem Erwachen, zu vollständigem göttlichen Gewahrsein zurückzukehren, ist. Was steht dem im Weg, bzw. was hast du dir in den Weg gestellt, um nicht in jedem Moment gewahr zu sein, daß du göttlich und vollkommen bist? Irgendwann wird oder ist bereits der Zeitpunkt gekommen, an dem du spürst, daß nichts, wonach du auf der Ebene der Dualität suchst, von Dauer, von tiefem Frieden und Unendlichkeit ist. Und du wirst erkennen, wie all die Dinge kommen und gehen, wie du dich mit irgendetwas identifizierst, was den nächsten Tag schon nicht mehr von Bedeutung ist, und trotzdem glaubst du jedes Mal, in irgendetwas dein Glück zu finden. Wenn du nur ein wenig erfolgreicher wärest, wenn du nur ein wenig weniger egoistisch wärest, wenn du dich doch noch mehr anstrengen und weniger rauchen würdest, und wenn du dich noch ein wenig mehr anstrengen würdest, um mehr zu meditieren und weniger wütend und was auch immer zu sein - dann glaubst du, glücklich zu sein. Und nichts von alldem ist der Fall. Auf diesem Wege wirst du das, was du suchst, nicht erreichen.

Und gleichzeitig gilt es, nicht auf dein "Gefangensein" herunterzublicken. Es geht nur darum zu erkennen, den unendlichen Raum zu finden, in dem "du" und alles, was ist, vollkommen, unendlich und unzerstörbar ist. Und trotzdem ißt du vielleicht Süßigkeiten und trotzdem bist du einmal wütend und trotzdem meldet sich manchmal dein "Ego", doch du glaubst all dem nicht mehr und gibst all dem kein Gewicht mehr, denn du hast dich im Meer der Unendlichkeit, im Meer der Stille und des Friedens wiedergefunden. Ob du Süßigkeiten ißt oder nicht, ob du dich abgrenzt oder nicht, ob du die Welt verbessern willst oder nicht, ob du krank bist oder gesund, - all das spielt in diesem Sein keine Rolle. In diesem Sein spielt das Vergängliche keine wirkliche Rolle. Und so ist es auch nicht von Bedeutung, ob du verheiratest bist oder nicht, ob du rauchst oder nicht. Es ist so, wie es ist und wie sich göttliches Sein durch dich ausdrückt.

Und wie willst "du" für immer in göttlichem Gewahrsein leben, wenn du nicht bereit bist, alles dafür zu geben, wenn du nicht bereit bist, dem Unvergänglichen deine ganze Kraft, dein ganzes Sein und all deine Identifizierungen zu übergeben? Und gleichzeitig bist du bereits "dort". Du brauchst "dem" in Wahrheit nichts geben, denn du bist unendliches Sein bereits jetzt. Doch auf der Ebene dualen Erlebens ist es für viele Menschen wichtig, an einen Punkt zu gelangen, wo sie dem Ruf nach Wahrheit und Unendlichkeit ihr ganzes Leben widmen. Und wieder einmal: Das heißt nicht, daß du den ganzen Tag meditieren mußt und dich den ganzen Tag auf realitätsferne Gottsuche begeben sollst. Du kannst dein Leben, sofern das für dich stimmt, so wie es ist, vielleicht mit kleineren oder größeren Veränderungen weiterleben. Doch das, was du hörst, tief in deinem Herzen, ist der Ruf göttlichen Seins, in Unendlichkeit und Frieden zu sein. Du brauchst diesen Ruf nicht unbedingt hinauszuposaunen. Du kannst den Ruf bei all den Dingen, die du in deinem Alltag tust oder nicht tust, hören. Du trägst ihn in deinem Herzen. Du kannst den Ruf mehr und noch mehr vernebeln und verschleiern, so weit, daß du ihn für lange Zeit vielleicht nicht hörst oder gehört hast.

Doch immer wieder wirst du diesen Ruf hören, denn das ist dein letztendliches Ziel, dein letztendlicher Wunsch, der nicht vergeht, ob er dir bewußt ist oder nicht. Der Ruf der Unendlichkeit. Dein Ruf.

Wie sieht es mit deinem Ruf und deiner Bereitschaft, ihm zu folgen, aus? Wieviel Leid erschaffst du dir immer wieder, um zu spüren und zu erfahren, daß all das, von dem du glaubst, daß es dir Glück geben kann, dir das, was du letztendlich suchst, niemals schenken kann. Und wieder und wieder unterliegst du dem Irrglauben, und immer wieder wirst du dich befreien, bis du eines Tages, jetzt und in jedem neuen Moment, dir göttlichen Seins der Unendlichkeit, in der sich alles im Nichts auflöst, gewahr bist. Was gibt es Wichtigeres als das Erkennen, daß du schon immer das bist, dem die Sehnsucht deines Herzens gehört? Das ist der letztendliche Sinn eines jeden Lebens, eines Lebens auf Erden, zu vollständigem göttlichen Gewahrsein, zu Unendlichkeit zu gelangen, dich zu erinnern und letztendlich einfach nur zu sein. --- Im Sein sein, in Unendlichkeit und Stille. -----

Wie lange willst du noch warten? Vielleicht willst du auch gar nicht mehr warten? Vielleicht bist du bereits an diesem Punkt. Egal wo du bist, wo du stehst. "ES", göttliches Sein, gratuliert dir, obwohl göttliches Sein letztendlich nur ist. Gebe dich göttlichem Sein hin. Folge dem Ruf in Freiheit, nicht in Verbissenheit, Arbeitswut und Kampf. Folge dem Ruf in deiner Bereitschaft, dem Ruf zu folgen. Folge deinem Ruf in Liebe, in Annahme und in Demut dessen, was es zu tun oder nicht zu tun gilt. Es ist kein Kampf und es ist keine Schlacht, es ist nicht Härte und nicht Leistung. Es geht nur darum, daß du den Ruf hörst, ihm folgst und dich ihm hingibst und schenkst.

Also, wie lange willst du warten? Entscheide dich!

Und letztendlich kannst du dich gar nicht entscheiden, denn es ist deine und die Bestimmung eines jeden, in vollständigem Gewahrsein auf allen Ebenen der Unendlichkeit zu sein. Doch auf der Ebene der Dualität, in der du dich befindest, mag es wichtig sein, eine Entscheidung zu treffen und wahrzunehmen und zu sehen, wo du stehst in diesem und in jedem anderen Moment in bezug auf den Ruf, um in die Unendlichkeit der Stille und des Friedens einzutauchen.

Und nun, zum Abschluß, schließe deine Augen. --------

Und all deine Gedanken, all die Muster und alle deine Gefühle siehst du. Du schließt eine Tür hinter ihnen, um dich jetzt mit der Unendlichkeit, mit der Stille jenseits der Gedanken, jenseits von dem, was du glaubst zu sein, zu verbinden und alles und nichts zu sein, unendliches göttliches Sein. -------------------------------

Gefühle, Hindernisse auf dem Weg des Erwachens?

Für viele von euch stellt sich die Frage, wie es sich mit Gefühlen verhält, wenn du in dem Raum, in dem unendlichen Raum der Stille und des Friedens bist und in einem menschlichen Körper auf Erden lebst, - ob es in göttlichem Gewahrsein in einem menschlichen Körper noch Gefühle gibt, oder ob du dann getrennt und völlig losgelöst von allem, was auf Erden ist, existierst. Und dazu ist es wichtig zu erkennen, daß Unendlichkeit, göttliches Sein in allem, was ist, existiert und enthalten ist. Und wenn du völlig erwacht in unendlichem Sein lebst, dann gibt es keine Trennung. Du nimmst dich, der du kein "du" bist, göttliches Sein, in allem wahr, in jedem Luftpartikel, in jedem Menschen, in jeder Blume, in jedem Gefühl, in jeder Beziehung, in allem, was existiert, und davon ist nichts ausgeschlossen. Es ist ein Meer der Unendlichkeit, ein Meer unendlichen göttlichen Seins. Wo sollte es enden? Und was sollte von diesem göttlichen Sein ausgeschlossen sein?

Wisse, es gibt nichts. Und so ist auch ganz wichtig zu erkennen, daß alle menschliche Gefühle ein Ausdruck göttlichen Seins sind. Es ist ein Irrglaube anzunehmen, daß du nur zu göttlichem Sein und einem vollständig erwachten Bewußtsein gelangst, wenn du dich vollständig von jeglicher menschlicher Regung distanzierst, wenn du dich über dein Leben erhebst und es von dir abtrennst. Es ist ein weiterer Weg des Schmerzes und der Trennung. Es ist ein Irrglaube, daß du dich von irgendetwas wegbewegen, dich anstrengen, dich verbessern und verschiedene Gefühle unterdrücken mußt, um zu göttlichem Sein zu gelangen. Das ist wirklich eine Sackgasse. Auch dies sind Gedanken der Dualität. Und bewußt oder unbewußt wertest du einige menschliche Gefühle und Gedanken ab. Und indem du sie verneinst, bekommen sie wiederum eine viel größere Bedeutung als ihnen in Wahrheit zusteht. Natürlich ist ein wichtiger Punkt in deinem linearen dualen Erleben, mit Gefühlen, mit Emotionen etwas anders umzugehen, als du es vielleicht bis jetzt gewöhnt bist. Und es ist auch richtig zu erkennen, daß dein Umgang mit Emotionen und Gefühlen seine List und Tücken hat und dich im dualen Erleben gefangen halten und großen Schmerz verursachen kann. Doch die Verursachung des Leids und der Verstrickung in der Dualität liegt nicht an den Gefühlen selbst. Es liegt nur an deiner Betrachtungsweise, an deinem Umgang mit Gefühlen und Emotionen. Gefühle sind einfach Gefühle. Aus dem Gewahrsein unendlichen göttlichen Seins in einem menschlichen Körper können sie auftauchen und verschwinden, ohne daß sie dich wirklich berühren. Sie können die Unsterblichkeit, die Unendlichkeit nicht wirklich berühren und gleichzeitig dürfen sie in der reinsten, ursprünglichsten Form sein. Aus dem Gewahrsein unendlichen göttlichen Seins in einem menschlichen Körper mag Traurigkeit auftauchen. Doch diese Traurigkeit ist rein. Sie kommt und geht. Sie darf sein, ohne unterdrückt, ohne forciert und ohne identifiziert zu werden. Traurigkeit ist im ursprünglichsten Sinne rein. Das, was Leiden verursacht, ist die Gewichtung, die du verschiedenen Gefühlen gibst. Das Leiden, das durch Gefühle für dich verursacht wird, ist das "Nicht-so-sein-lassen-können" eines Gefühls.

Verschiedene Gefühle glaubst du unterdrücken zu müssen, vielleicht weil du glaubst, daß sie nicht gut sind, vielleicht weil du glaubst, daß sie dir nur Schmerz zufügen, vielleicht weil du glaubst, daß es Gefühle gibt, die besser und die schlechter sind. Vielleicht glaubst du auch, daß du dich vor schlechten Gefühlen schützen mußt, damit du glücklich und zufrieden bist. Auch diese Wertung, und gerade diese Wertung, erzeugt großen Schmerz. Vielleicht erinnerst du dich einmal, wie frei du warst, als deine Traurigkeit fließen konnte, ohne unterdrückt oder forciert zu werden und an irgendetwas gekoppelt und an irgendwas gebunden zu sein. Vielleicht erinnerst du dich, daß du frei und offen, einfaches Sein in Traurigkeit und auch die Unendlichkeit, göttliches Sein, selbst warst. Was gibt und gilt es zurückzuweisen, wenn alles, was ist, sich in der Unendlichkeit, in göttlichem Sein auflöst? Was gilt es zurückzuweisen, wenn du alles bist und alles unendliche Stille, unendliches göttliches Sein und unendlicher Friede ist? Was gilt es zurückzuweisen, wenn alles göttlich und vollkommen ist?

Der Schmerz in deinem Leben auch in bezug auf deine Gefühle wird dadurch verursacht, daß du dich mit einer Geschichte deiner Gefühle identifizierst und bestimmte Gefühle als wahr, andere als unwahr, als besser oder schlechter wahrnimmst. Schmerz entsteht wenn du glaubst, bestimmte Gefühle nicht haben zu dürfen und daß du anderen Gefühlen eine größere Bedeutung gibst. Schmerz erzeugst du auch dadurch, indem du überhaupt glaubst, daß du und deine Gefühle und die Geschichte deines Lebens von Bedeutung sind. Auf der Ebene unendlichen Seins sind sie es nicht. Schmerz wird verursacht, indem du Menschen und Dinge, Vorstellungen und Gedanken festhältst, dich nicht ihrem natürlichen Fluß überläßt. Wenn du ihnen ihren natürlichen Fluß läßt, kommen und gehen sie, ohne dir jemals Leid zuzufügen. Letztendlich kann dir durch nichts und niemanden Schmerz zugefügt werden. Auf der Ebene unendlichen göttlichen Seins bist du unsterblich und unendlich.

Wenn du dich auf der Ebene des Menschseins verletzt fühlst, laß das Gefühl des Verletztseins zu, ohne ihm zuviel Gewicht zu geben, und gleichzeitig sei dir bewußt, daß unendliches göttliches Sein, das "du" letztendlich bist, nicht verletzt und zerstört werden kann. Es gilt nicht, auf deinem Weg zu vollständigem Erwachen alle Gefühle zur Seite zu stellen. Es gilt nicht, Gefühle wie Verletzung oder Wut als niedrig, minderwert g und als Hindernis zu betrachten. Dann beginnst du einen Kampf, einen Kampf gegen menschliche Gefühle, den du niemals gewinnen kannst. Und es ist die Tendenz vieler Lichtsuchender, sich von ihren Gefühlen und von menschlichem Sein zu distanzieren, was auf eine Art und Weise stimmt, aber nicht so, wie viele von euch es glauben und ausführen.

Bei vielen von euch ist die Distanzierung von Gefühlen mit einer Ablehnung und einer Minderbewertung verbunden, in der Art, daß du zum Beispiel, wenn du wütend bist, glaubst, spirituell nicht weit genug entwickelt zu sein und noch mehr lernen solltest, alles in Liebe anzunehmen. Alles in Liebe anzunehmen bedeutet aber auch, deine Wut in Liebe anzunehmen. Alles annehmen heißt auch, deine Angst anzunehmen, heißt nicht, dich gegen deine Angst zu wehren und heißt nicht, nur Harmonie zu leben, die keine wirkliche Harmonie ist, sondern auch einmal die Energie eines Schwertes zu sein, das trennt und das durchschneidet.

Was ist falsch daran? Was ist falsch an einem Nein? Nimm alles an, ohne dem einen oder anderem mehr Gewicht zu geben. Ein Fluß der Energien ohne Anfang, ohne Ende, ohne Forcierung und ohne Unterdrückung. Energien und Gefühle, die fließen, erscheinen für einen Moment und lösen sich dann im Nichts wieder auf. Das ist alles. Das ist alles, was Gefühle sind: Fluß der Energien ohne Leid, einfach Energie, die in Bewegung ist.

Vielleicht sind einige von euch jetzt irritiert und andere sehen klarer. Und es ist wichtig zu erkennen, daß du Gefühle nicht ablehnen mußt, daß Gefühle selbst nicht das Hindernis auf deinem Weg zu vollständigem Erwachen sind, daß nur die Unterdrückung und das Forcieren eines Gefühls das wahre Hindernis darstellen. Denn somit gibst du den Gefühlen eine Geschichte, somit gibst du ihnen Bedeutung, so gewinnen sie Macht über dich. Sie gewinnen Macht über dich, weil du ihnen diese Macht gibst. Weil du ihnen die Macht gibst, gut oder schlecht für dich zu sein. Und so bedeutsam sind sie wiederum auch nicht. Sie kommen und gehen. Sie können dich nicht zerstören. Wenn du glaubst, daß sie die Macht haben, dich glücklich oder unglücklich sein zu lassen, daß sie die Macht haben, dich zu verletzen, dich zerstören zu können,- nur dann, wenn du glaubst, daß du keine Gefühle oder bestimmte Gefühle nicht haben darfst, nur dann sind sie Hindernisse auf deinem Weg.

Die Tendenz vieler spiritueller Menschen, sich von den Belangen der Erde und der Dualität lösen zu wollen, ist oft ein Wunsch der Flucht. Und gleichzeitig ist es natürlich auch der Wunsch, die Sehnsucht, mit der Unendlichkeit, mit göttlichem Sein, verschmelzen zu wollen. Es steht auch die Erfahrung, die Erkenntnis dahinter, daß das Verstricktsein in Gefühlen Schmerz verursacht. Doch das Vermeiden von Gefühlen und die Bewertung in gute und schlechte Gefühle verstrickt dich auch und macht dich auch abhängig. Nichts, was existiert, kannst du wirklich zurückweisen. Es wird immer stärker sein, wenn du glaubst, etwas auslöschen zu müssen. Die Flucht aus dem Leben,

die Flucht aus Gefühlen ist nicht der direkte Weg zur Erleuchtung. Auch wenn es Zeiten geben mag, in denen du
dich aus deinem momentanen Leben zurückziehst, sollte
dies nicht aus der Motivation der Flucht geschehen. "ES"
legt die Betonung hier auf Flucht und Vermeidung.

Es gibt nichts, vor dem du wirklich fliehen kannst.
Alles ist da und letztendlich nicht da.
Es geht auch nicht darum, dich dem Leben zu
oder von ihm abzuwenden.
Es geht darum, zu sein.
Göttliches Sein in deinem Leben auf Erden zu manifestieren.

- Göttliches Sein, das sich durch dich, deinen Körper,
deine Person ausdrückt, durch dich, der du eine Projektion
des Göttlichen in einem menschlichen Körper und letztendlich göttliches Sein und die Unendlichkeit bist. "ES" weiß,
daß es schwer für dich ist, das alles zu verstehen.

Es bedeutet auch eine Schwierigkeit, göttliches Sein in
Worte zu übermitteln. Es ist ein sehr schwieriges Unterfangen und, wie ich schon sagte, trägt es viele Tücken in sich.
Und wenn du an Grenzen des Verstehens kommst, mag
es manchmal ein wahres Geschenk sein, denn göttliches
Sein existiert jenseits des Verstehens. Es ist, und das ist
alles, was ist. Und so laß dich nicht beirren, dem Ruf deines Herzens, dem Ruf der Unendlichkeit, zu folgen. Auch
wenn du in dir an Grenzen stößt, auch wenn es für deine
Vorstellungen und für deine Gedanken verwirrend sein
mag, wisse, das ist völlig "normal". Nimm auch das an und
öffne dich immer wieder der Unendlichkeit, unendlichem
göttlichen Sein. Stille, - Frieden, - alles und nichts.

Und so ist es nicht notwendig, daß du mit dir haderst,
wenn du den unendlichen Raum unendlicher göttlicher
Liebe, unendlichen göttlichen Seins,
nicht begreifen kannst.
Es ist wahr, du kannst auch diesen unendlichen Raum
göttlichen Seins nicht begreifen. Es ist reines Sein,
und ist nur im Sein zu erfahren und zu erleben.
Und es ist nicht einmal ein Erfahren und Erleben.
Es ist einfach Sein. Und wie soll es dir mit Gedanken,
mit Verständnis möglich sein, dies zu verstehen,
wenn es dort kein Konzept, wenn es dort keine Form,
wenn es dort keine Gedanken gibt?

Es ist dir nicht möglich. Und so wirst du mit all den Erklärungen, mit all den Worten, mit all den Übermittlungen an eine Grenze stoßen. Und diese Grenze ist dort, wo Verständnis, wo Konstrukte, wo Formen und wo Projektionen enden, sich im Nichts auflösen und sich nur noch unendliches Sein offenbart.

Und so ist es ein schwieriges Unterfangen,
das Unendliche zu beschreiben, das Unendliche in eine
Form zu bringen, die die Übermittlung von Worten
bedeutet. Es ist letztendlich unmöglich.
Es ist nur möglich, dir behilflich zu sein,
dich dieser Grenze anzunähern, dir Hilfsmittel auf deinem
Weg mitzugeben, - dir die Fallen und die Mißverständnisse
aufzuzeigen. Doch kein Wort, keine Übermittlung,
keine Beschreibung kann dich letztendlich direkt in die
Unendlichkeit, in unendliches göttliches Sein führen.
Du bist bereits Unendlichkeit, göttliches Sein.
Du bist bereits frei.

Und wenn du all dies nicht oder nur teilweise verstehen kannst, so wirst du dennoch mehr und mehr mit der Energie unendlichen Seins, in dem sich alles auflöst, in Kontakt gebracht. Du kommst dem Stück für Stück näher. Und, auf eurer zeitlichen Ebene gesprochen, werden die Momente, in denen du Nichts, göttliches Sein und die Unendlichkeit erlebst, (die letztendlich zeitlos ist), häufiger und häufiger werden und sich aneinanderreihen, bis du irgendwann für immer in die Unendlichkeit, in das Zeitlose, Raumlose und unendliche göttliche Sein eintrittst und sich durch deinen Körper göttliches Sein in einem konkreten Leben auf Erden ausdrückt. Allein die Verwirrung über das Nichtbegreifenkönnen unendlichen, göttlichen Seins heißt nicht, daß du nicht näher mit ihm in Kontakt kommen kannst, heißt nicht, daß du weit von göttlichem Sein entfernt bist. Verwirrung, das Auflösen deiner Glaubens- und Verstandessysteme, der Punkt, wo du nichts mehr einordnen kannst, kann auch ein Punkt der Gnade sein, der dich in die Unendlichkeit, in unendliches göttliches Sein führt, fallen läßt. Wenn du nichts mehr verstehst, wenn du nichts mehr von dem, was die Unendlichkeit, unendliches göttliches Sein, sein soll, begreifst, dann magst du nah dran sein, - und wo du durch Gnade in die Unendlichkeit, in unendliches göttliches Sein fallen kannst. Also werte deine Verwirrung, werte "Nichtbegreifen" nicht ab.

In dem Raum der Unendlichkeit göttlichen Seins gibt es nichts, das es zu begreifen, nichts, das zu es zu beschreiben gäbe. Es ist nichts. - Alles und nichts, das sich in der Unendlichkeit auflöst, im Nichts, - in unendliches göttliches Sein. Und dennoch ist es auf der Ebene deiner Gefühle, auf der Ebene menschlichen Seins, an dem Punkt, an dem du dich jetzt befindest, wichtig zu erkennen, daß es nicht darum geht, deine Gefühle zu leugnen, daß es nicht darum geht, dich mit ihnen in deiner Gesamtheit zu identifizieren. So schau einmal, wie die Gewichtung deiner Gefühle in deinem Leben ist. Welche Gefühle lehnst du ab? Über welche Gefühle glaubst du erhaben zu sein? Welche Gefühle unterdrückst du? Und welche Gefühle glaubst du festhalten und verlängern zu müssen? Und mache dir bewußt, daß die totale Ablehnung deiner Gefühle oder der Wunsch, dich aus ihnen erheben zu wollen, ebenso Leid verursacht, wie dich zu sehr mit ihnen zu identifizieren.

Ein wichtiges Gefühl ist die Angst. Die Angst vor einem Menschen, die Angst, so oder so zu sein. Die Angst hält dich oft verstrickt und gefangen, weil du ihr so viel Macht gibst. Aus Angst tust du dies oder jenes nicht, aus Angst unterdrückst du dieses oder jenes Gefühl. Aus Angst verleugnest du deine Wahrheit. Aus Angst versteckst du dich und machst dich klein. Aus Angst pustest du dich auf und nimmst dich übermäßig wichtig. Was ist, wenn du die Angst direkt zuläßt, wenn du der Angst direkt ins Auge schaust und keinen Ausweichmechanismus, keinen Ausweichgedanken, kein Ausweichgefühl zuläßt, wenn du das Gefühl der Angst direkt erlebst?

Das Gefühl der Angst kann dich, (der du in Wahrheit wie alles göttlich und unsterblich bist) nicht zerstören. Das Gefühl der Angst führt dich oft, wenn du sie nicht direkt zuläßt, zu Ausweichgefühlen und in verstrickte Geschichten. Sie hält dich gefangen, wo du frei sein kannst, wenn du sie für einen Moment zuläßt, auf daß sie wieder gehen und sich im Nichts auflösen möge. Glaubst du der Angst und hältst an der Angst fest, dann kreierst du eine Geschichte, kreierst du, dieses oder jenes tun zu müssen, um die

Angst zu verhindern oder die Angst vor etwas zu verhindern. Erlebst du die Angst, ist sie keine Bedrohung. Sie löst sich wirklich im Nichts auf. Du weißt, du bist vollkommen und unsterblich und nichts und niemand wird und kann das, was du bist, jemals zerstören. Nicht das Sterben deines Körpers, nicht das Getötetwerden. Nichts kann das, was du immer und ewig bist, zerstören.

Die Angst ist keine Bedrohung. Sie wird bedrohlich, wenn du versuchst, sie zu unterdrücken, ihr auszuweichen oder wenn du zu sehr in sie einsteigst. Schau dir diese Angst an. Sei diese Angst, und sie löst sich im Nichts auf. Wenn du sie nicht dirigierst und sie nicht beeinflußt und sie in ihrer reinen Form da sein läßt, erzeugt sie keinen Schmerz. Sie ist einfach nur da, um sich dann im Nichts wieder aufzulösen. Göttlich, unsterblich und unendliches göttliches Sein, das ist das, was du bist, alles.

Angst bezieht sich auf ein Leben in einem menschlichen Körper, und du kannst dich nicht erfolgreich gegen Angst wehren. Angst steht auch mit dem Überlebensmechanismus deines Körpers in Verbindung. Was ist an Angst schlecht, wenn Angst einfach nur Angst ist,- wenn du dich nicht mit ihr identifizierst, wenn du dich nicht durch sie auf Umwege, in Bewertungen und in neue Geschichten führen läßt. Angst ist nicht gefährlich. Angst ist keine Bedrohung für das, was du in Wahrheit bist. Sie ist es nur, wenn du ihr diese Färbung, wenn du ihr dieses Gewicht gibst. Angst ist einfach Angst. Was sollst du gegen sie kämpfen, was sollst du aus ihr eine lange Geschichte machen? Angst ist, und das ist alles, was ist. Und glaube mir, wenn du sie in ihrer reinen Energie läßt, löst sie sich und du dich in ihr auf. – So wie sich alles an Gefühlen, an Gedanken, alles an Energie und alles, was ist, in der Unendlichkeit auflöst. Alles, was ist, an Gefühlen, an menschlichem Sein, ist an sich rein und klar. Es ist nur die Bedeutung, die du allem durch Auf- oder Abwertung gibst, die Schmerz und Leiden verursacht. Es ist auch, daß du manche Gefühle und manche Energien versuchst, künstlich in die Länge zu ziehen, wo der natürliche Rhythmus schon beendet ist, wo sich dieses Gefühl, dieses Sein, schon längst in der Unendlichkeit aufgelöst hätte. Auch das Verkürzen und Unterdrücken einer Energie, eines Gefühls oder eines Gedankens hält genauso wie eine künstliche Verlängerung diese länger bei dir, als es nötig wäre.

Und da beginnt die Geschichte, die du aus diesem Gefühl, aus diesem Gedanken, aus diesem Sein machst. Da beginnt die Geschichte, und die Geschichte ist es, die Leid verursacht. Also, was ist gegen ein Gefühl wie Wut, Traurigkeit oder Freude einzuwenden, wenn es einfach nur ist, um sich im Nichts wieder aufzulösen, wenn du nicht einen anderen Menschen dafür verantwortlich machst, wenn du nicht glaubst, es festhalten oder unterdrücken zu müssen. Und das gilt auch für die sogenannten positiven Gefühle. Auch das Festhalten an "positiven" Gefühlen bedeutet Schmerz, den du ja eigentlich damit zu vermeiden versuchst. Es verursacht Schmerz, weil die positiven Gefühle und der Versuch, diese zu halten und zu verlängern eine Trennung und eine Minderbewertung anderer Gefühle verursacht. Es hält dich in der Illusion gefangen, daß es Gefühle gibt, die besser oder schlechter sind. Und das ist nicht der Fall. Erinnerst du dich, wenn du versucht hast, einen schönen Moment oder ein gutes Gefühl festzuhalten und zu verlängern, daß das nicht möglich war und daß sich dann oft Schmerz einstellte, es nicht einfangen und halten zu können?

Diese Aufteilung in gute und schlechte Gefühle ist ein Irrtum. Frieden, unendliche Stille. - In ihr darf alles existieren und löst sich dennoch in ihr auf. So, wenn du der Angst keine kleinere oder größere Bedeutung gibst, wenn du der Wut keine kleinere oder größere Bedeutung gibst, wenn du der Freude keine kleinere oder größere Bedeutung gibst, - dann bist du frei. Du scheinst vergessen zu haben, daß du frei bist, daß du von nichts abhängig bist, um glücklich oder nicht glücklich zu sein. Du bist Unendlichkeit, unendliche Glückseligkeit und Stille. Alles andere, ein menschlicher Körper und menschliche Gefühle, sind ein Spiel, eine Projektion der unendlichen Göttlichkeit.

Und dennoch, wenn du verschiedenen Gefühlen zu viel oder zu wenig Gewicht gibst und in Gefühlen verstrickt bist, verurteile das nicht. Bewerte das nicht. Laß dich da sein, da stehen, wo du gerade bist. Versuche nicht, in die Beurteilung zu verfallen, daß du deswegen nicht weit genug spirituell entwickelt bist. Sei. Egal was ist, versuche nicht zu urteilen, versuche dich so sein zu lassen wie du bist, ohne irgendetwas zu forcieren oder zu unterdrücken. "ES", das zu dir spricht, löst sich gleich in der Unendlichkeit auf. Und laß all das, was du bist und was du glaubst zu sein oder nicht zu sein, sich jetzt mit "ES" in der Unendlichkeit auflösen. Kein Wollen, keine Form, kein Gedanke. --- Unendlichkeit, in der du, "ES" und alles, was ist, miteinander verschmelzen und sich auflösen zu unendlichem Sein, -- Unendlichkeit. Sei! Folge dem Ruf der Unendlichkeit in die Unendlichkeit, in göttliches unendliches Sein, in göttliche unendliche Liebe - jetzt!

"ES" löst sich jetzt in der Unendlichkeit auf.

Die menschliche Realität, nur eine scheinbare Wahrheit

Alles, was in deiner Welt existiert, ist letztendlich reine Illusion. Nichts von dem ist wirklich wahr. Wahr, unvergänglich, immer und ewigwährend ist einzig und allein göttliches Sein, unendliche göttliche Liebe, das Nichts und die Unendlichkeit. Alles andere, dem du Vertrauen und dem du Glauben schenkst, ist letztendlich nicht wahr. Es ist reine Projektion. Es sind Erscheinungen. Es ist Illusion. Auch das, was ihr Wissenschaft nennt, auch das, was jeder von euch in seinem Leben als Gesetzmäßigkeit akzeptiert und was niemand mehr von euch hinterfragt, weil ihr alle danach lebt und es den Anschein des Objektiven, den Anschein einer Gesetzmäßigkeit oder Wahrheit erweckt, ist letztendlich auch nur eine Illusion. Es ist eine Illusion, die ihr euch gemeinsam erschaffen habt und die ihr euch durch euren Glauben an sie aufrechterhaltet.

Daran ist nichts Schlechtes. Schwierig ist nur, daß ihr Dinge für wahr und wahrhaftig haltet, für die Realität, für unumgänglich, die alle nur eine Illusion sind und jeglicher Wahrhaftigkeit und Unvergänglichkeit entbehren.

Es ist nichts dagegen einzuwenden, dich auf dieses Spiel einzulassen. Doch was wichtig ist, ist zu erkennen, daß es wirklich nur ein Spiel ist und daß du nicht der Illusion unterliegst, daran zu glauben. Es bedeutet eine enorme Befreiung, wenn du dir der Relativität eurer sogenannten Objektivität bewußt bist. Erinnere dich einmal, was du vor Jahren für wahr, für glaubwürdig hieltest. Was für dich wichtig und ein Maß aller Dinge war, hat heute für dich vielleicht nicht einmal mehr einen Funken von Bedeutung. Und ebenso verhält es sich in der sogenannten objektiven Wissenschaft.

Erkenntnissen, die das Nonplusultra, die absolute Wahrheit, in der Vergangenheit zu sein schienen, wird Jahre und Jahrzennte später kein Glauben mehr geschenkt. Es gibt nichts, das einzig richtig ist in der Illusion eurer Dualität. Dort ist alles relativ. Nichts ist auf dieser Ebene von letztendlicher Wahrheit. Alles ist vergänglich, so objektiv, so unumstritten ein Gedanke, eine Tatsache, ein Glauben, dem ihr alle unterliegt, auch sein mag. Wirklich nichts. Alles ist Schein. Und es ist in Ordnung, wenn dir das eine oder andere näher ist.-

Aber begreife, nichts von dem, was an Gedanken, an Vorstellungen, an Gesetzen und an Wertungen in dir existiert, nichts davon ist die letztendliche Wahrheit. Es mag deine Wahrheit sein, es mag die Wahrheit eines anderen Menschen sein in diesem Moment. Doch sei dir bewußt, es ist einfach eine vorübergehende Wahrheit. Nicht mehr und nicht weniger. Und du bist nicht deine momentane Wahrheit. Du bist Unendlichkeit, unendliches göttliches Sein. Das ist wahr. Und das ist alles, was ist. Und so ist nichts von dem, was existiert in eurer Welt der Projektion und Illusion, letztendlich wirklich wahr. Es mag eine vorübergehende Wahrheit sein, oder es mag sein, daß sich das Unendliche durch dich in dieser oder jener Form ausdrücken mag. Es spielt keine Rolle mehr, wenn du in dem Bewußtsein der Unendlichkeit lebst, wie sich göttliches Sein durch dich ausdrücken mag. Es hat in diesem Sein alles den gleichen Wert. Und es hat eigentlich nicht einmal einen Wert. Es ist einfach so, wie es ist. Und wenn sich wahres göttliches Sein, die Unendlichkeit, auf diese oder jene Art und Weise ausdrückt, dann mag dies wahrhaftig sein. Und es bedeutet nicht, daß eine bestimmte Form mehr oder weniger wert, besser oder schlechter ist. Göttliches, unendliches Sein bist du in Wahrheit. Es ist deine wahre Essenz, die Unendlichkeit.

Ist es nicht eine unendliche Befreiung zu erkennen, daß all das, von dem du glaubst, daß es objektiv ist und dem du dich unterordnest, auch nur relativ und subjektiv ist? Alles sind Konstruktionen, denen ihr euch als Menschheit unterworfen habt, weil ihr sie als Gesetzmäßigkeit hinnehmt. Ist es nicht eine Freiheit, unendliche Freiheit, zu erkennen, daß all dem nur eine relative Objektivität zu Grunde liegt? Ist es nicht eine Freiheit, zu erkennen, daß all das, was du glaubst erfüllen zu müssen, um zu einem bestimmten Punkt, zu einem bestimmten Ziel zu gelangen, gar nicht vonnöten ist? Wie denn auch, wenn alles, was du glaubst, was ist, Illusion ist?

Natürlich gibt es Illusionen, die der Wahrheit etwas näherzukommen scheinen als andere. Doch Illusionen bleiben letztendlich nur Illusionen. Und der Ruf deines Herzens und der wahrhaftige Ruf, der dich zu Glückseligkeit, zu wahrem göttlichen Sein, zurückführt, das du bereits bist, endet nicht an der Illusion, die kurz vor der Wahrheit steht. Auch dort wirst du immer die Sehnsucht nach der letztendlichen Wahrheit fühlen. Du wirst fühlen, daß das noch immer nicht das ist, was du in Wahrheit bist. Keine Illusion, keine gedankliche Konstruktion, kein Zustand, keine Erfahrung wird und kann dir deine Sehnsucht nach göttlichem Sein und Unendlichkeit, unendlicher göttlicher Liebe erfüllen. Das Ende deiner Suche, das Ende von allem, was ist, liegt in der Unendlichkeit. Das, was du suchst, und das, was du dir ersehnst, liegt in unendlichem göttlichen Sein. Stille --- Frieden ---- Und das Ende deiner Suche ist das Sein. Das Sein in Unendlichkeit, in unendlichem göttlichen Gewahrsein. Und keine Illusion, und sei sie noch so vielversprechend und so erfüllend für Momente, wird dir den Schmerz der Trennung nehmen können. So begreife, alles ist nur eine Illusion, ist nur ein Spiel.

"ES" ist es an dieser Stelle sehr wichtig zu betonen, daß auch eure spirituelle Konstruktionen nicht die letztendliche Wahrheit sind. Sie sind Konstrukte, die sich mit der Wahrheit beschäftigen und zum Teil mehr und weniger nah der Wahrheit, göttlichem Sein, kommen. Und hier ist es wichtig, daß du weder geistig hochstehenden Wesen, deinen Vorstellungen und Erfahrungen von Wiedergeburt, von der Existenz von Engeln, der Existenz astraler Angriffe, von der Frage, von welchen Planeten du bist, wie zum Beispiel die Atlanter gelebt, gelehrt und welche Energieheilungsmethoden sie hatten, der Existenz von Ufos, – daß du nicht all dem deinen absoluten Glauben, all deine Identifizierung und all deine Energie gibst.

All das sind Informationen, Bilder, die dir in manchen Situationen deines Lebens helfen können. Doch nimm all das nicht zu ernst. Es sind alles nur Konstrukte. Aus der Sicht unendlichen göttlichen Seins, der Wahrheit, in dem Sein unendlicher Göttlichkeit, gibt es keine Sichtweise, weil alles nur ist und das alles ist, was ist. - Was spielt in diesem Sein das Konstrukt von Atlantis, die Konstrukte von Engeln, die Konstrukte der Kirchen, die Konstrukte, ob der menschliche Körper nach seinem Tod verbrannt oder vergraben werden muß, wie eine chemische Reaktion funktioniert, für eine Rolle? All das sind nur Konstrukte. Manche sind sehr hilfreich und andere weniger. Manche Konstrukte kommen der Wahrheit näher als andere auf der Ebene eurer "Realität".

Manchmal mögen diese Konstrukte auch wichtig sein, um dir auf der Ebene der Dualität Anhaltspunkte zu geben und dir Hilfe zu sein, zu unendlichem göttlichen Sein zurückzukehren. Und manche Vorstellungen von "Glauben", die natürlich auch nur Konstrukte und letztendlich auch nur Illusionen sind, helfen dir auf deinem Weg, genauso wie ganz praktische Konstrukte, die ihr als Menschen erschaffen habt.

"ES" hat nichts gegen Konstrukte einzuwenden. Nur daß ihr euch durch den Glauben ihrer scheinbaren Objektivität, ihrer Absolutheit abhängig macht und gefangen haltet und daß ihr einem Irrglauben unterlegen seid, wenn ihr glaubt, das eine oder andere sei die letztendliche Wahrheit. Hältst du an einem Konstrukt fest, weil du glaubst, es sei die letztendliche Wahrheit, wirst du Schmerz erfahren. Auch wenn das Festhalten an einem Konstrukt dir immer wieder einmal größte Freude verschafft, entstehen doch auch Wellen des Schmerzes. Denn das, was du dir von einem Konstrukt versprichst, und das, was du glaubst von einem Konstrukt zu erhalten, sei es in Form einer Idee, eines Gefühls, einer scheinbaren Realität und Gesetzmäßigkeit, einer autorisierten Aussage eines anderen Menschen, - all das gibt dir niemals das, wonach du dich und alle Menschen sich letztendlich sehnen. Dort hört die Reise nicht auf. Die Reise endet bei keinem Konstrukt, bei keinem Gedanken, bei keiner Idee, bei keiner Erfahrung und bei keinem Zustand. All dies ist vergänglich. Wie sehr du auch an etwas glaubst, an die Absolutheit und Objektivität einer Erscheinung, einer Aussage, eines Gedankens oder eines Gefühls. "ES" faßt Aussagen von anderen Menschen, Gesetzmäßigkeiten, Regeln oder "Wahrheiten" von Autoritäten, die Absolutheit eines Gedankens, eines Gefühls oder auch einer Religion, eines spirituellen Systems hier mit dem Wort Konstrukt zusammen.- Denn nichts von dem ist letztendlich wirklich wahr, außer unendliches göttliches Sein, außer die Unendlichkeit.

Und so mache dir bewußt, daß Konstrukte in eurer Dualität notwendig sind und existieren und es auch in Ordnung ist, immer wieder neue Konstrukte zu erschaffen oder Konstrukten zu folgen, wenn sie in Übereinstimmung sind mit unendlichem göttlichen Sein, das auch durch deinen Körper Ausdruck findet. Es geht nicht darum, daß du alle Konstrukte abschaffen mußt, was auch nicht möglich ist, sondern darum, jedes Konstrukt als das zu betrachten, was es ist, als ein Spiel, und dir gewahr zu sein, daß das, was du bist, jenseits eines noch so guten, der Wahrheit so nahekommenden Konstruktes ist. Alles, was an Gedanken und an Regeln, an scheinbarer Objektivität durch Wissenschaft, durch mediale Übermittlungen oder durch Kontakte zu Engeln existiert, ist nur ein Konstrukt. Und das ist nicht schlecht und nicht schlimm und es stellt ihren Wert auch nicht in Frage. So begreife: Es ist ein Spiel und das, was du bist, ist in und jenseits von all dem. Keines dieser Konstrukte ist die absolute Wahrheit. Die absolute Wahrheit läßt sich in kein Wort, in keine Form, in keine Beschreibung bringen. Sie ist. Sie liegt jenseits von all dem, was zu beschreiben, zu bezeichnen und einzuordnen wäre.

Du lebst in einem menschlichen Körper in der Welt der Form. Und die Welt der Form löst sich letztendlich in unendlichem göttlichen Sein auf. Es gilt nicht, gegen Konstrukte, gegen scheinbare Wahrheiten anzukämpfen.

Alles, was in eurer Welt existiert,
ist nur eine scheinbare Wahrheit.
Wenn du das erkennst, kannst du damit spielen.
Du kannst dich auf eine vorübergehende Wahrheit

einlassen, weil sie dir dient, doch du bist dir in göttlichen
unendlichen Sein gewahr, daß sie nicht die Unendlichkeit,
daß sie nicht ein besseres Gesetz,
nicht eine bessere Meinung ist.
Göttliches Sein drückt sich in diesem Moment durch diese
Form aus. Und du unterliegst nicht mehr dem Irrglauben,
diese Illusion für alles zu halten, weil du dir gewahr bist,
daß sich alles im Nichts der Unendlichkeit auflöst.
So schau einmal, welchen Konstrukten du das,
was du bist, unterordnest?
Wo glaubst du, daß irgendetwas oder irgendwer,
ein Gedanke oder eine Person, wahrer und wertvoller ist
als etwas anderes und als göttliches unendliches Sein?
Es ist wichtig zu erkennen, daß alles, was du suchst,
bereits vorhanden ist, daß die Ewigkeit, die Unendlichkeit,
immer existiert und du immer Unendlichkeit,
unendliches göttliches Sein bist.
Und all dem, was davor an Form und an Konstrukten
existiert, solltest du nicht mehr Glauben schenken als
göttlichem, unendlichem Sein, der letztendlichen Quelle,
die du und alles, was ist, ist. Es gilt nicht einmal,
der Unendlichkeit, unendlicher göttlicher Liebe Glauben
zu schenken, weil unendliches göttliches Sein,
die Unendlichkeit, nur ist.
Sie wird von keinem Glauben an sie berührt.
In ihr löst sich alles auf.

Kannst du "ES" glauben, daß du bereits vollkommen,
unendliches göttliches Bewußtsein, göttliches Sein, göttliche Liebe selbst bist? Wie, wenn du es nicht schon immer
kennst, kannst du dich dein ganzes Leben, einmal mehr
und einmal weniger, nach einem Sein sehnen, das Unend-

lichkeit, unendliche Liebe, unendliches Sein ist? Wie kannst du die Schwingung und die Aussage der Worte *Unendlichkeit, unendliche Liebe, göttliches Sein* fühlen, erkennen, verstehen und dich erinnern, wenn du es nicht bereits schon kennst, wenn du es nicht bereits schon bist?

Auch wenn die Worte Unendlichkeit --- unendliche göttliche Liebe, --- nicht das Sein selbst sind, denn es sind nur Worte, wie kannst du dieses Buch lesen mit dem Titel, der Aussage – *Einssein mit Gott* – wenn dir daran nicht irgendetwas vertraut ist? Und wie oft, wenn du stark gelitten hast oder wenn die Freude, das Glück eines Moments nachgelassen hat und du versuchtest, sie festzuhalten, hast du dich besonders in deinem Schmerz nach der Unendlichkeit gesehnt, nach dem raumlosen Raum, in dem sich alles auflöst? Und wie oft hast du dich gefangen gefühlt, gefangen in dem Raum der Illusion, in dem Raum, den du für Realität hieltest, der eigentlich nur ein Konstrukt und eine Illusion ist? Du hörtest dann den Ruf der Unendlichkeit.

So vielfältig menschliche Konstrukte und menschliche Wahrheiten, menschlicher Glaube und menschliche Erfahrungen, menschliche Ausdrucksformen und der Mensch überhaupt auch sein können, so gibt es etwas, das von all dem nicht berührt wird: Es ist dieselbe Erinnerung, es ist derselbe Ruf, den alle Menschen hören. Manche Menschen mehr, und manche Menschen weniger. Und dennoch ist es immer der Ruf und die Erinnerung an die Unendlichkeit, an unendliches göttliches Sein, an Stille, an Gott, an unendliche Liebe. Das ist der Kern aller Dinge. Das ist der Kern, der allen Menschen gemeinsam ist. Das ist das, was unvergänglich und ewiglich ist. Das ist der Wunsch, das ist der Ruf, in dem ihr alle eins, alle gleich seid. Und an dem Punkt löst ihr euch alle in der Unendlichkeit auf, in unendlichem göttlichen Sein. Die Essenz, das wahre Sein eines jeden Menschen, ist die-/ dasselbe. Es ist derselbe Ruf. Es ist dieselbe Sehnsucht, egal welche äußere Form, welche Illusion, welchen Glauben, welche Eigenschaften, welches Aussehen ihr auch immer angenommen habt.

Es gibt eine Verbindung die stärker ist als alles, was es an Unterschieden in der Welt der Konstrukte und der Illusionen gibt. Spürst du das Einssein mit allen Menschen und mit allem, was ist? Alles, was ist, führt zu unendlichem göttlichen Sein, in dem sich alles auflöst, in die Unendlichkeit. Nichts außer der Unendlichkeit, die sich im Nichts auflöst, existiert getrennt. Alle Menschen, das möchte "ES" noch einmal betonen, spüren dieselbe Sehnsucht, hören denselben Ruf, auch wenn die Sehnsucht selten durchscheint, auch wenn der Ruf für viele lange nicht zu hören ist, außer in dem Bruchteil einer Sekunde, um dann wieder in der Vergessenheit zu verschwinden. Und so gibt es Menschen, die den Ruf und diese Sehnsucht immer mehr und immer deutlicher vernehmen. Irgendwann wird ein jeder, egal wo er steht, zu dem Punkt kommen, dem Ruf der Unendlichkeit für immer und ausschließlich folgen zu wollen, um selbst mit der Unendlichkeit zu verschmelzen.

Ihr sitzt alle im selben Boot. Eure Essenz ist dieselbe. Es gibt keine Trennung in Wahrheit. Denn in Wahrheit existiert reines Sein, Nichts, Unendlichkeit, unendliche göttliche Liebe. Es ist nichts falsch an der Vielfältigkeit eurer Konstrukte. Es ist wunderschön. Es ist ein wahres Geschenk. Es ist eine Freude, diese Pracht an unendlichem göttlichen Ausdruck zu sehen. Euer Dasein in Form als Mensch ist ein Geschenk. Die Freude, das Lachen, das

Weinen, das Reisen, einen anderen Menschen berühren, die Vorstellung von Engeln, deine Arbeit tun, dich kleiden, dich bewegen, deinen Körper wahrnehmen, genießen – alle diese Illusionen, diese Konstrukte, sind wunderbar. Sie sind eine wahre Pracht und ein wahres Geschenk, wenn du sie als das erkennst, was sie sind. Eben nur ein Spiel, nur eine Illusion, nur ein Konstrukt, durch das sich göttliches Sein ausdrückt. Und daß nichts von dem alleine in deinem Glauben an seine Absolutheit, an seine Objektivität dir unendlichen Frieden schenken kann. Das Leben auf der Erde und das Dich-wegsehen an einen friedlichen Platz, das Sehnen nach einem Sein ohne Schmerzen, hat nichts mit dem menschlichen Ausdruck an sich zu tun. Es hat nur damit zu tun, daß du, wenn du in der Dualität gefangen bist, unglaublichen Schmerz und unglaubliches Leid empfindest, weil du der Illusion Glauben schenkst und sie für Wahrheit hältst, weil du dich mit Illusionen identifizierst, weil du dich einer Objektivität bestimmter Autoritäten anvertraust und ihnen Glauben schenkst. All das erzeugt Schmerz, weil du das Unendliche in der Illusion suchst, weil du den Illusionen und den Konstrukten glaubst, daß sie dich zu wahrer Glückseligkeit führen, daß sie wahre Glückseligkeit sind. Sie sind es nicht!

Auf eine gewisse Art und Weise stimmt es schon, daß dich diese Illusionen, diese Konstrukte, auch irgendwann zu unendlichem Sein und zu dem Gewahrsein deiner eigenen Göttlichkeit führen. Nämlich dann, wenn du durch den Glauben an ihre Absolutheit, in dem Glauben, daß die Illusion Realität ist, Schmerz erzeugst und du immer mehr nach etwas suchst, das jenseits deiner Konstrukte, jenseits der Welt, die letztendlich nur Illusion ist, liegt. So sind diese Konstrukte dir auch Hilfe und wenn du in ihnen gefangen bleiben würdest, auch Hindernis. Manchmal scheinen sie dir eine Zeit Hindernis zu sein und sind und können dir dann Hilfe werden. Wie immer du es sehen magst. Nimm die Welt der Konstrukte, die Welt des Spiels an.

Es ist faszinierend, wie sich göttliches Sein in so vielfältigen Projektionen manifestieren kann. Es geht nicht darum, deine Welt, eure Welt der Illusionen, abzulehnen. Es geht nur darum, ihr nicht den Glauben zu schenken, real zu sein, ihr nicht zu glauben, durch ihre Konstrukte und Objekte Glückseligkeit erlangen zu können. Glückseligkeit und unendliches göttliches Sein liegen jenseits der Konstrukte. In diesem unendlichen, göttlichen Sein bist du frei, und all diese Konstrukte und diese Illusionen, auf die du in deinem menschlichen Leben eingehst, können dann kein Leid mehr verursachen, denn du glaubst und identifizierst dich nicht mehr mit der Illusion. Du hast dich in der Unendlichkeit gefunden und Illusionen verursachen kein Leid mehr.

Und immer wieder schau in deinem Leben, welcher Illusion du frei folgst in dem Bewußtsein, daß es eine Illusion ist, die für "dich" in dieser Zeit stimmt. Und dann, wo erkennst du irgendetwas als absolute Objektivität, Realität, Autorität an, was in Wahrheit Illusion und Spiel ist? Und es ist wichtig, daß du dich weniger und weniger von dem, was objektiv, real und sicher erscheint, verführen läßt, indem du es für absolute Wahrheit, absolute Gegebenheit und absolute Autorität hältst. Erkenne, alles hat seine Berechtigung, das existiert, und ist dennoch eine Illusion. Du bist frei. Du mußt dich nicht scheinbar objektiven Gesetzmäßigkeiten, den Aussagen anderer Menschen, unterordnen, indem du sie für absolut und unumrückbar hältst. Sehe die Relativität aller Aussagen, aller scheinbarer Richtlinien und erkenne die Freiheit, einer Illusion zu folgen und zu erkennen, daß es eben nur eine Illusion, ein vorübergehendes Konstrukt, ist, von dem du dich zu jeder Zeit lösen und zu jeder Zeit wieder frei zurückkehren kannst.

Du wirst immer mehr sehen, daß du dich auf ein Spiel, auf ein Konstrukt, auch im Kontakt mit einer anderen Person einläßt, aber du identifizierst dich nicht damit. Du nimmst es wahr, es ist so, wie es ist, aber du schenkst dem nicht deinen absoluten Glauben. Es ist das Spiel der Illusion, das ihr einen Augenblick gemeinsam spielt. Es ist wunderschön, wenn du weißt, wenn du dir gewahr bist, daß all dies eben nur vergänglich und nur ein Konstrukt ist, eine Projektion göttlichen Seins, und daß du auch in dem Moment, in dem du dich in ein Konstrukt begibst, die Unendlichkeit, göttliches Sein, selbst bist. Es ist deine Freiheit. Es ist eine Leichtigkeit und eine Freude. Es ist Glückseligkeit, in dem Gewahrsein deiner unendlichen Freiheit und in dem Gewahrsein der Unendlichkeit in göttlichem Sein immer wieder in die Illusion einzutreten, zu spielen und zu genießen.

Freiheit, unendliche Freiheit, ist wirklich mit all dem, wie die Erde und wie alles, was in deinem menschlichen Sein, in deinem momentanen menschlichen Leben ist, jetzt möglich, immer möglich ist. Es sind nicht die Bedingungen. Es sind nicht die Konstrukte, die falsch sind und die sich auflösen und verschwinden müssen, damit du frei bist. - Es ist nicht du als Person oder die Erde, es sind nicht die Begebenheiten und die Menschen, die sich ändern müssen, damit du frei bist. Du bist frei, wenn du dem Ruf der Unendlichkeit folgst, wenn du die Illusion nicht für die letztendliche Wahrheit hältst. Du bist schon erleuchtet. Du bist schon frei. Du bist schon all das, wonach du dich sehnst.

Und es gilt, den Schleier der Illusionen zu lüften und sie als das zu erkennen, was sie sind, und dich nicht in ihnen gefangenzuhalten, sondern dich dem, was hinter der Welt der Gedanken, der Konstrukte und der scheinbaren Wahrheiten, der Religionen und Glaubenssysteme liegt, zu öffnen.

Nichts, was in euerer Welt der Illusion und in deinem Leben ist, muß sich verändern, damit du zu vollständigem göttlichen Gewahrsein erwachst. Alles darf sein, wie es ist, wenn du dich aus den Illusionen befreist und erkennst, daß du bereits vollkommen und all das, was du dir zu sein wünschst, bist, daß scheinbare Objektivitäten und scheinbare Gesetzmäßigkeiten und auch Aussagen von Autoritäten ihre Begrenzungen haben und auch deine scheinbaren Realitäten, deine scheinbaren Gedanken. Menschen, die etwas "Schlechtes" in die Welt setzen, sind nicht böse, auch sie erschaffen nur Konstrukte. Auch Menschen, die in unendlichem, göttlichen Gewahrsein leben, geben als Menschen göttlichem Sein Ausdruck und erschaffen damit auch nur Konstrukte. Worte, und auch diese Übermittlungen, sind auch nur Konstrukte. Alles, bis auf die Unendlichkeit und göttliches Sein selbst, das sich letztendlich im Nichts auflöst, sind Konstrukte. Auch diese Worte "Unendlichkeit", "unendliches göttliches Sein", "göttliche Liebe" sind Konstrukte. Verurteile Konstrukte nicht, nicht deine und nicht die Konstrukte anderer Menschen. Sie sind einfach da und sie sind Illusion, denn das Wahre wird von den Konstrukten nicht berührt. In wahrem, unendlichen Sein lösen sich alle Konstrukte auf. Du bist jetzt schon frei.

Nichts in der Welt der Konstrukte und der Illusion ist schlecht und muß sich verändern. Du bist bereits Unendlichkeit. Du bist unendliches göttliches Sein. Du bist Sein.

In diesen unendlichen Frieden, --- in diese unendliche Liebe, die du und alle Menschen schon immer waren, sind
und sein werden, in der ihr alle eins seid, in dieses Sein
kannst du "ES" nun folgen. Du und "ES", "wir" und alles,
was ist, können uns in der Unendlichkeit auflösen, in der
Unendlichkeit verschmelzen,--- Jetzt!-----

Das Ende deiner persönlichen Geschichte

"ES", göttliche Liebe spricht aus dem Sein der Unendlichkeit. In dem Sein der Unendlichkeit gibt es keine Vergangenheit und keine Zukunft. Im Sein der Unendlichkeit existiert keine Zeit. Kein Gestern, kein Heute, kein Morgen. Es existiert einfach nur Sein, unendliches Sein.

Es ist sehr wichtig zu begreifen, daß euer Umgang mit eurer Existenz in Zeit großen Schmerz erzeugt. In dem Bewußtsein der Zeit befindet sich auch der Ablauf von Geborenwerden, Sterben und Vergehen.- Es ist der Fluß des Lebens, der seinem natürlichen Rhythmus folgt. Geborenwerden und Sterben eines Augenblickes, eines Körpers, einer Idee oder einer Beziehung. Doch die Zeit eines Körpers ist begrenzt. Das Ende der zeitlichen Existenz eines Körpers ist absehbar. Das Ende eines Gedankens. Alles kommt und geht. Doch aus manchem, das geboren wird und stirbt, versuchst du eine endlose Geschichte zu machen. Du versuchst, den natürlichen Fluß künstlich zu verlängern, und das erzeugt Schmerz, weil du festhältst und gefangen bist in dem Wunsch, aus etwas Vergänglichem etwas Unvergängliches zu machen. Doch alles, was auf Erden existiert, ist vergänglich, unterliegt der Illusion der Zeit. Und das, was ewig ist, ist und bleibt göttliches Sein, die Unendlichkeit. Was ewig ist, ist das, was du schon immer bist und immer sein wirst, göttliches unendliches Sein. Dort ist die Ewigkeit zu Hause. Dort existiert keine Zeit. Und wenn du dir deiner eigenen Göttlichkeit und Unendlichkeit bewußt bist, wenn du dir bewußt und gewahr bist, daß das, was du wirklich bist, ewig, unzerstörbar, unendlich und vollkommen ist, dann brauchst du die Ewigkeit nicht in dem Vergänglichen suchen und du kannst der Vergänglichkeit ihren natürlichen Fluß und ihren Raum lassen. Du bist dir bewußt, daß das, was du in Wahrheit bist, unzerstörbar und ewiglich ist und daß du dem natürlichen Fluß des Geborenwerdens und des Sterbens der Dinge, die in deinem dualen Leben existieren, folgen kannst, ohne diesen natürlichen Rhythmus beeinflussen, unterbrechen oder künstlich verlängern zu wollen. Du bist Ewigkeit, Göttlichkeit, unendliches Sein, und im Gewahrsein dessen ist es nicht nötig, irgendetwas, was auf eurer Erde und in deinem Leben existiert in bezug auf Dauer und Vergänglichkeit, in bezug auf Zeit, zu manipulieren.

Ihr habt große Angst vor dem Sterben, große Angst, daß etwas Schönes zu Ende sein kann. Du hast oft große Angst, dem Fluß des Lebens zu vertrauen, und diese Angst hängt nur damit zusammen und ist nur dadurch so groß, weil du dir nicht deiner Unvergänglichkeit und deines wahren Seins, der Unendlichkeit in jedem Moment, bewußt bist. Bist du in dem Raum der Unendlichkeit, gibt es nichts mehr im "Außen", das du wirklich brauchst, bist du nicht mehr abhängig von einem Gefühl, von einem Gedanken, nicht abhängig von der Zeit, bist du nicht abhängig von der Dauer eines Gefühls oder eines Gedankens. Du bist frei. Du kannst dem, was in dem jeweiligen Moment von Bedeutung ist, folgen dich dem natürlichen Fluß hingeben, ohne diesen manipulieren, ohne diesen beeinflussen zu müssen. Die Unendlichkeit, göttliches Sein, das, was du bist, kann niemals von den Geschehnissen der äußeren Welt wirklich berührt, wirklich zerstört werden. Auch wenn du es verleugnest, auch wenn du dir deines wahren Seins nicht bewußt bist, es ist und bleibt. Du kannst nichts tun, um das, was du bist, Ewigkeit, Unendlichkeit, göttliches Sein, zu zerstören. Wie kannst du das Ewigliche, Unvergängliche zerstören oder verleugnen? Du kannst es damit nicht berühren. Es ist und bleibt für immer unendlich, ewiglich und unzerstörbar. Egal, was du tust oder nicht tust, e- gal, wie sehr du dich in Zeit und Raum, in Vergänglichkeit und Verleugnung befindest, nichts und niemand kann das, was du bist, was unabhängig ist von Zeit und Raum, von Geburt und Zerstörung, dir wegnehmen. Nicht einmal du selbst. Du kannst den Schleier des Vergessens dichter und dichter werden lassen, du kannst dich in Vergangen- heit, Zukunft und *Stirb und Werde* verstricken, doch das, was du bist, ist und bleibt immer und ewiglich. So ist es. So sei es. Sein - einfach sein - Unendlichkeit. ----- In der Un- endlichkeit gibt es keine Vergangenheit.

Doch was ist mit dir und deinem Leben? Wie oft lebst du in der Vergangenheit? Schau dich und dein Leben ei- nen einzigen Tag lang einmal an, bewußt und aufmerksam an, und du wirst erkennen, wie das meiste deines Den- kens, deines Fühlens, deines Tuns von der Vergangenheit beeinflußt ist, auch wenn du in dem Moment gar nicht an die Vergangenheit denkst, dir gar nicht der Vergangenheit bewußt bist und ihre Beeinflussung nicht merkst. Sei offen und nimm wahr, wie sehr jeder einzelne neue Moment von deinen alten Glaubensvorstellungen, von deinen alten Er- fahrungen, von deinen alten Gefühlen und von deinen al- ten Erwartungen geprägt ist. Und hier meine ich nicht nur die Prägungen und die Erfahrungen, die beeinflußt sind durch deine zeitlich weiter zurückliegende Vergangenheit, sei es durch deine Kindheit oder vergangene Leben. Selbst wenn du dich aus den Verstrickungen deiner Kind- heit, deiner vergangenen Leben, wenn du an sie glaubst, Stück für Stück befreit hast, so kann es trotzdem sein, daß fast jeder neue Moment von Erfahrungen und Gedanken, die du vielleicht gestern, vorgestern, vor Wochen, Jahren machtest und hattest, geprägt sind, und wieder bist du nicht frei in dem Moment so zu sein, wie du und alles, was ist, ist, wie sich das Göttliche, göttliches Sein, durch dich und deine Situation und deine Umstände auszudrücken vermag. Es gibt kein Falsch. Es gibt kein Richtig, keinen falschen oder richtigen Gedanken, keine falsche oder richtige These, kein falsches oder richtiges Gefühl. Das, was gestern in einem Moment Wahrheit war, kann im nächsten Moment schon wieder etwas anderes sein. Doch die letztendliche Wahrheit, göttliches Sein, Sein in Unendlichkeit, ist beständig, ewiglich.

Und wenn du dir dessen gewahr bist, macht es dir keine Angst, dich in jedem Moment für das zu öffnen, was dir die Ebene der Dualität, die Ebene der Vergänglichkeit schenkt. Es macht dir keine Angst, diesem oder jenem Ausdruck zu folgen, denn du bist dir gewahr, daß es eben ein Ausdruck göttlichen Seins in der Welt der Illusion, in der Welt der Vergänglichkeit, ist. Und so kannst du bewußter, offener und klarer denn je die Welt der Dualität, die Welt der Vergänglichkeit, die Welt der Illusion, die Welt der Konstrukte, erleben, sein lassen, wie sie ist und dich in ihr frei bewegen. So befindest du dich mehr, wacher und klarer denn je in dieser Welt, in der Illusion, in der Dualität auf der Erde. Du kannst die Erde, das Leben als Mensch wahrhaftig, klar und in seiner reinsten Form erfahren, denn du bist frei und nicht in deinen Mustern, in deinen Meinungen und deinen Erfahrungen in dieser Welt gefangen.

Vollständiges Erwachen und vollständiges göttliches Gewahrsein führt dich nicht aus deinem Leben weg und muß nicht den sofortigen Tod deines Körpers bedeuten. Es bedeutet nur, daß du dir der Unendlichkeit bewußt bist und jeden Moment auf Erden als das erleben kannst, was er in Wahrheit ist, und wie sich göttliches Sein in bunten Facetten in ihm ausdrückt. Alles darf sein, und welche Form du in der Illusion der Dualität, in der Illusion des Getrenntseins annimmst,- das spielt keine Rolle. Denn du bist das, was du bist, wie sich göttliches Sein durch dich ausdrückt in diesem Moment.

Und nun ist es Zeit, noch einmal ganz konkret zu schauen, wie deine Vergangenheit aussieht. Welchen Einfluß hat Gestern, hat das Vergangene, haben alte Erfahrungen, alte Gedanken und alte Gefühle auf dich? Was beeinflußt immer wieder dein momentanes Erleben? Womit identifizierst du dich durch den Verlauf deiner Erfahrungen, so daß du durch das Festhalten und Anhaften an diese Erfahrungen Trennung erschaffst und das Sein in unendlicher Liebe und unendlicher Göttlichkeit verschleierst? Schau, wo gibt es eine Kette von Identifizierungen? Wo glaubst du, in einem Moment dich zum Beispiel auf Beziehungen zu Männern nicht mehr einlassen zu können, weil du nur schlechte Erfahrungen mit Männern gemacht hast, weil du vielleicht mißbraucht und verletzt worden bist? Oder glaubst du, als Frau mit Frauenbeziehungen vorsichtig sein zu müssen, weil eine Freundin und wiederum auch eine andere Freundin von dir Geheimnisse ausgeplaudert hat und du dich durch Freundinnen immer wieder verraten gefühlt hast? Oder glaubst du, daß Frauenfreundschaften immer von Konkurrenz geprägt sind? Glaubst du, daß Frauenfreundschaften das einzig Wahre sind? Und du als Mann, bist du von Frauen enttäuscht worden und deine alten Erfahrungen prägen dein Erleben jetzt? Und vielleicht denkst du, daß du dich mit Frauen gut verstehst, doch Männerfreundschaften nur von Konkurrenz geprägt sind.

Du läßt dich in einem Moment, durch die Vergangenheit geprägt, vielleicht nicht auf einen wunderschönen, freundschaftlichen Kontakt mit einem männlichen Freund ein.

Dies sind nur ein paar Beispiele, die jedoch in allen Bereichen deines Lebens, sei es in deiner Meinung über Politik, über verschiedene Lebensweisen, über Glück, Wahrheit, in der Wahrnehmung deiner Gefühle, anderer Menschen, deines Lebens und deiner Beziehungen wiederzufinden sind. Du kannst dir gar nicht vorstellen, in wie vielen unendlichen Momenten dein aktuelles Tun, dein aktuelles Empfinden von Altem geprägt ist, so daß du ganz, ganz selten offen bist für einen wirklich neuen Moment, für einen neuen Moment jenseits deiner alten Erfahrungen, für einen neuen Moment jenseits deiner Verstrickungen, für einen neuen Moment jenseits dessen, was du glaubst zu sein oder nicht zu sein, für einen neuen Moment jenseits dessen, was du glaubst, was eine andere Person ist oder nicht. Laß die Vergangenheit gehen und jeden alten Gedanken, jede alte Erfahrung und jede alte Geschichte. Dein ganzes Leben ist nur eine Geschichte, die dann beendet ist, wenn du deinen Körper verläßt. Spätestens dann ist sie beendet. Doch wahrhaftig, glückselig bist du, wenn deine Geschichte in jedem Moment endet, wenn die Geschichte dessen, was du als "Ich" bezeichnest, in jedem Moment beendet ist, wenn du frei bist, jeden Moment göttliches Sein so zu erleben, so zu existieren, so zu sein, wie es sich in dem Moment ausdrücken mag. Ohne Bewertung, ohne Grenzen, ohne Erfahrungen, ohne Geschichte, nur das, was du bist in diesem Moment.

Es wird mehr und mehr Zeit für dich, deine Geschichten zu erkennen; zu erkennen, wodurch du dich gefangen und in Leiden hältst; zu erkennen, daß gestern gestern war und vorbei ist; zu erkennen, daß du göttlich und unsterblich bist und daß dir die Vergänglichkeit nichts wirklich anhaben kann; daß es in höchster göttlicher Ordnung ist, wenn das, was gestern war, gestern war und deine Geschichte gestern beendet ist und in jedem alten Moment. Wirf all die Meinungen, all das Urteil, all die Bewertungen, all deine Zuordnungen über Bord, um dich zu öffnen für das, was unsterblich ist, um für immer mit dem Göttlichen, mit der Unendlichkeit, zu verschmelzen, um dich wacher als jemals zuvor mit deinen Füßen in deinem Leben auf Erden zu bewegen, wirklich auf Erden zu bewegen und die Erde und das menschliche Leben als das wahrzunehmen, was es ist, und nicht als das Bild deiner Vergangenheit, deiner Geschichte, deiner Farben, deiner Schleier und dessen, was du ihnen überstülpst.

Es mag für dich schlimm gewesen sein, Leid erfahren zu haben, dich vielleicht mißbraucht, geschlagen, nicht geliebt, beschnitten oder unterdrückt gefühlt zu haben. Es mag deine Geschichte gewesen sein, daß du kämpfen und dich durchsetzen mußtest oder oft Angst hattest. All das, was du glaubst zu sein, all deine Erfahrungen, all das, was war, gehört der Vergangenheit an. Es gibt nur diesen Moment, keine Vergangenheit, keine Zukunft, alles löst sich in der Unendlichkeit auf.

Laß deine Vergangenheit, laß deine Geschichte gehen. Erkenne, daß sie eine Geschichte ist, eine Geschichte von vielen, eine Geschichte, die wie ein Film im Kino ist, die du betrachtest, die beginnt, ihre Höhepunkte hat und auch wieder verschwindet in die Vergessenheit. Du schaust dir diese Filme im Kino oder im Fernsehen an. Es sind so viele verschiedene Geschichten, die dich als Zuschauer in dem Moment berühren, doch dann sind all diese Geschichten wieder vergessen, weil du weißt, daß du nicht diese Geschichte im Kino bist. Und so bist du auch nicht deine Geschichte.

Was hat es letztendlich aus dem Bewußtsein der
Unendlichkeit, in dem Einssein, für eine Bedeutung,
ob du vergewaltigt worden bist oder nicht,
mit Männern oder Frauen Schwierigkeiten hast oder nicht,
oder mit den Menschen überhaupt,
ob du dich minderwertig, unterdrückt,
oder wütend gefühlt hast?
Was hat deine Geschichte mit der Unendlichkeit zu tun?
Deine Geschichte löst sich in der Unendlichkeit auf.
Deine Geschichte ist schon lange beendet.
Willst du auf deinen alten Bildern, deinen alten
Vorstellungen, deinen alten Erfahrungen
dein Leben weiter aufbauen?
Was oder wen interessiert es schon wirklich,
was gestern war, außer all die anderen Menschen,
die ebenfalls in den Geschichten ihrer Vergangenheit
verstrickt und gefangen sind.
Ihr seid fast alle mal mehr, mal weniger verstrickt,
bis zu dem Punkt, wo deine persönliche Geschichte sich
auflöst, bis zu dem Punkt, wo du dich der Unendlichkeit,
vollständigem göttlichen Gewahrsein, hingibst.
Dort hört jede Geschichte auf.
Dort hört auf, ob du ein "guter" oder ein "schlechter"
Mensch warst oder bist.
Dort hört auf, ob du Mutter, Tochter, Ehefrau oder
Geliebte, Gewinner oder Verlierer, Geschäftsmann, Vater,
männlich oder weiblich, homosexuell,
krank oder gesund bist.

Es ist wirklich nicht von Bedeutung!
In diesem Sein hören all die Geschichten,
seien sie in deiner Bewertung noch so positiv oder negativ,
auf. Alles hört dort auf.
Jegliche Geschichte, jegliche Vergangenheit
und jegliche Zukunft.

Und mehr und mehr Menschen kommen an den Punkt, zu fühlen, wahrzunehmen und sich bewußt zu werden, daß all das, womit sie sich identifiziert haben, all ihre Geschichten, mehr und mehr in den Hintergrund treten, sich vielleicht einige Aspekte eher, andere später, in der Vergangenheit auflösen, um das, was in Wahrheit ist, zu erkennen und göttlichen Seins gewahr zu sein. Es ist die Zeit gekommen, daß mehr und mehr Menschen den Ruf der Unendlichkeit hören, ihrer Sehnsucht nach dem Einssein folgen und sich bewußt werden, daß die Identifikation mit der Vergangenheit, die Identifikation mit ihrer Geschichte, die Identifikation mit dem, was sie glauben zu sein, sie immer wieder gefangen hält. Und du erkennst immer mehr, daß in Wahrheit deine Geschichte eben nur eine Geschichte ist, die sich in unendlichem göttlichen Sein auflöst.

Irgendwann kommt jeder Mensch an den Punkt, und viele von euch, die dieses Buch lesen, befinden sich bereits an dem Punkt, daß sie ihrer eigenen Geschichte und all der Geschichten müde und überdrüssig geworden sind.

Die Geschichten unendlicher vergangener Leben, was interessieren sie dich heute noch? Die Geschichten von all dem, was du bereits gewesen und nicht gewesen bist? Bist du nicht müde? Bist du nicht müde dessen, mit wem du schon ein Leben verbracht hast oder nicht? Bist du nicht müde dessen, was du hier und da immer wieder einmal erfährst, von dem du dir Glück und Zufriedenheit versprichst und das letztendlich nicht eintritt? Bist du nicht müde dessen, dich immer wieder im Dualen so zu verstricken, daß du es für die Wahrheit hältst? Bist du nicht all des Schmerzes, all der Freude, all der Identifizierungen, all der Rollen, die du jemals gespielt hast, überdrüssig? Kommst du nicht immer wieder an den Punkt, wo du dich hilflos fühlst und dich nach Befreiung sehnst, eben aus all den Geschichten, eben aus all den Identifizierungen, aus all dem, was du immer wieder glaubtest zu sein oder nicht zu sein? Was interessiert es das, was du in Wahrheit bist, unendliches göttliches Sein, welche Rollen du in der Vergangenheit schon gespielt hat, was du für Gut und Böse, Falsch und Richtig hältst und was sich von Sekunde zu Sekunde, von Minute zu Minute auch wieder verändert? Wen oder was interessiert das schon wirklich? Die Unendlichkeit, göttliches Sein, das, was du in Wahrheit bist, auf jeden Fall nicht.

Was interessieren all die Geschichten, wenn du dich in jedem Moment öffnen kannst für das Vollkommene, wenn du dich öffnen kannst für das, was ist, wenn du mit dem Moment verschmelzen, dich vereinigen und göttliches Sein sein kannst und bist? Was interessiert dich das Alte, die alten Geschichten, die alten Identifizierungen, die alten Gedanken und die alten Bewertungen, wenn jeder neue Moment vollkommen, unendlich und voller Glückseligkeit ist? Und das ist wahr. Vollkommenheit und Glückseligkeit liegen in jedem Moment.

Du verhinderst immer wieder durch alte Geschichten, durch Mangel, durch Festhalten, die Vollkommenheit eines jeden Moments, eines jeden Moments, wie immer sich die

Göttlichkeit durch dich in diesem Moment ausdrücken mag, zu erfahren. Du verhinderst mit deinen Geschichten, dich der Unendlichkeit, der Vollkommenheit eines jeden Augenblicks, dich göttlichem Sein hinzugeben. Laß Schritt für Schritt deine Vergangenheit sein. Alles, wie es war, war so vollkommen, ohne Wenn und ohne Aber. Vergib dir und all den Menschen, die in deine Geschichte verwickelt sind und waren. Beende deine Vergangenheit, deine Geschichte, und du wirst bemerken, je mehr du dir und deiner "eigenen" Göttlichkeit und Unendlichkeit gewahr wirst, daß deine Geschichte von alleine in den Hintergrund rückt. Je mehr du göttlichen Seins gewahr bist, desto mehr wirst du das Gefühl haben, wenn du von deinem Leben erzählst, daß du als die Person deine Identifizierung erlebt hast, als würdest du von irgendeiner anderen Person erzählen, oder von deinem Leben wie von einer Geschichte, die du in einem Buch gelesen hast, in deinem Buch des Lebens.

Und hier geht es nicht darum, dich über alles zu stellen und dich und deine Geschichte zu verleugnen, dich göttlicher und erhaben fühlen zu wollen, indem du aus deiner Geschichte fliehst und so tust, als hättest du mit all dem nichts zu tun. Es ist nicht die Flucht aus deinem Leben, aus Gefühlen und Wahrnehmungen, die hier gemeint ist. Es heißt nicht, eine für dich unerledigte Geschichte immer wieder zur Seite zu schieben und so zu tun, als würde es sie nicht geben, und dich abzuspalten. Denn so hat deine Geschichte noch immer Bedeutung. Du bist nicht wahrhaftig frei, denn du versuchst sie nur zu verdrängen, und trotzdem beeinflußt sie dich jeden Moment. Es geht darum, das Spiel deiner Geschichte zu durchschauen und dein Leben nicht mit dem bitterernsten Blick der absoluten Wahrheit zu betrachten, sondern das Spiel zu sehen, das

hinter der Geschichte deines Lebens liegt, die Verhältnis-
mäßigkeit im Vergleich zum Unsterblichen, zur Ewigkeit,
zur Unvergänglichkeit. Nimm dein Leben, deine Geschichte nicht allzu ernst. Auf einer Ebene ist es wichtig, dich,
deine Gefühle und deine Erfahrungen wichtig zu nehmen,
und gleichzeitig siehst du aus dem Bewußtsein der Unendlichkeit, daß auch das Ernstnehmen deiner Geschichte nur
ein vorübergehendes Spiel ist auf deiner Reise, dich zu befreien von dem, was du glaubst zu sein und was du
glaubst, nicht zu sein, auf deiner Reise durch die Dualität,
der Anhaftungen und Verstrickungen, aus denen du dich
Schritt für Schritt löst.

"ES" sieht, wie unendlich müde ihr der Geschichten,
der Identifizierungen mit Gedanken und Gefühlen geworden seid. Viele von euch sind an dem Punkt, sich nicht
mehr mit weiteren Geschichten identifizieren und ihnen
nicht mehr ihren ganzen Glauben schenken zu wollen. Du
weißt, daß die Identifizierung mit noch mehr Geschichten
dir die Erfüllung dessen, was du suchst, nicht schenken
kann. Alles, von dem ihr glaubt, daß es euch Erfüllung und
wahre Glückseligkeit schenken kann, das nicht göttliches
Gewahrsein, die Unendlichkeit und göttliches Sein selbst
ist, erschafft durch die Identifizierung mit ihm Leiden. Nicht
noch mehr Erfolg, nicht noch mehr Reisen, nicht noch
mehr Geld, noch schönere Kleidung, ein noch besserer
und passenderer Partner und Freund, nicht noch besseres
und noch mehr Essen, nicht eine bessere Gesellschaft
kann dir das erfüllen, das geben, was du in Wahrheit
suchst. Nicht noch mehr Sport, noch größere Wagnisse,
nicht noch mehr sogenannte Kicks, auch esoterische
Kicks, nicht noch mehr und bessere Seminare, noch mehr
innere und äußere Reisen, nicht noch mehr Alkohol, nicht

noch bessere Filme, nicht noch mehr Anerkennung, nicht noch mehr Macht können und werden dir jemals das geben, wonach du in Wahrheit suchst. Nichts von all dem kann deine Sehnsucht stillen und deine Suche beenden.

Und wenn du ehrlich zu dir bist, dann weißt du das. Dann weißt du auch, ob du die Zukunft sehen kannst oder nicht, ob du Astralreisen machen kannst oder nicht, ob du Hunderttausende von Mark verdienst oder nicht, ob du ver-, be - oder geliebt bist oder nicht. Nichts von dem kann dir deine Sehnsucht nach dem Einssein, nach vollständigem Erwachen und göttlichen Gewahrsein, stillen.

All das sind Geschichten und Identifizierungen, die der Zeit unterliegen. Und wenn du all dem deine Identifizierung und deinen Glauben gibst, wirst du immer wieder in einer Sackgasse landen, weil du dich in deine alten Geschichten, in deine alten Rollen, in deine alten Bewertungen verstrickt und dich ganz mit ihnen identifiziert hast.

Bist du der Geschichten müde geworden? Bist du all der Wiederholungen müde geworden? Bist du erschöpft, immer wieder deinen eigenen Geschichten und Illusionen Glauben zu schenken? Bist du bereit, mehr und mehr deine Geschichte Geschichte sein zu lassen?

Es ist deine Entscheidung immer wieder, ob du das Opfer deiner Geschichte sein möchtest, ob du dich zum Opfer deiner Geschichte machen möchtest, ob du das Opfer deiner Geschichte bist. Willst du nicht frei sein? Willst du dich immer wieder in altem Schmerz, in alten Gedanken, in alten Vorstellungen suhlen? Willst du immer wieder deinen alten "negativen" und auch "positiven" Geschichten und den damit verbundenen Erfahrungen die Herrschaft über dein Leben überlassen? Willst du dich immer wieder beschränken auf die Identifizierung mit deiner Person, die du zu diesem Zeitpunkt bist und die du gewesen bist und sein wirst? Willst du all das?

Oder ist der Zeitpunkt mehr und mehr gekommen, daß du dich jenseits deiner Geschichten, deiner Bewertungen und deiner Identifizierungen bewegen und dich göttlichem Sein hingeben möchtest? Bist du bereit, deine Geschichte, deine Vergangenheit zu beenden und Geschichte Geschichte sein zu lassen und dich zu öffnen für das, was du in Wahrheit bist? Das zu erfahren, dem zu begegnen, was du bist, wenn du nicht hübsch, häßlich, gesund, krank, erfolgreich, nicht erfolgreich, ein Angestellter, eine Mutter, ein Vater, eine Tochter, ein Versager, eine Liebende, ein Geliebter, ein Heiler, ein Pastor oder was auch immer bist. Was bist du in Wahrheit? - Wenn du nicht mehr deine Identifizierungen, deine Geschichten, deine Rollen bist? Frage dich, wer du in Wahrheit bist?

Das heißt nicht, daß du nicht weiterhin einem Beruf nachgehen und nicht weiterhin eine glückliche Beziehung führen kannst; das heißt nicht, daß du nicht weiterhin Vorlieben haben kannst. All deine Vorlieben mögen ein Ausdruck sein, wie sich göttliches Sein durch dich zeigt. Erkenne, was du in Wahrheit bist, jenseits deiner Vorlieben, jenseits dessen, wie sich das Göttliche durch dich ausdrückt. Erkenne das Göttliche, erkenne die Quelle allen Seins.

Und auch ihr, die ihr dieses Buch lest und vielleicht als Heiler, als Therapeuten oder wie auch immer tätig seid, auch die Esoterik, auch die Rolle als Heiler, als Therapeut, als Lehrer ist auch nur eine Rolle. Es ist auch nur eine Geschichte. Sie ist nicht besser und nicht schlechter als die Geschichten und Rollen irgendeines anderen Menschen. Daß ihr euch vielleicht mit spirituellem Glauben verbunden fühlt, heißt nicht, daß nicht auch Spiritualität, esoterischer

Glaube oder christlicher Glaube eine Geschichte, deine Geschichte, ist, mit der du dich identifizierst. Alles ist nur eine Geschichte, eine "bessere" oder eine "schlechtere" Geschichte, aber auch nur eine Geschichte der Vergangenheit, der Zuordnung und der Bewertung. Unendlichkeit, göttliches Gewahrsein, interessiert nicht, ob es eine spirituelle Vorgeschichte, eine Geschichte im islamischen Glauben oder keinen konkreten Glauben gegeben hat, ob du Mann oder Frau, verheiratet oder nicht verheiratet, Opfer oder Täter gewesen bist. Egal, was du gewesen bist. Egal, was du glaubst zu sein. In der Unendlichkeit, in göttlichem Sein hören diese Geschichten auf.

Und an dieser Stelle möchte "ES" betonen, daß auch der Weg spirituellen Denkens, jeglicher Weg des Glaubens, des Wissens, der Vorstellungen und Konstrukte seine Fallen und Hürden hat, die dann beginnen, sobald du ihnen deinen absoluten Glauben und deine ganze Identifizierung schenkst. Bist du bereit zu schauen, wo deine Geschichte bereits aufgehört hat? Gibt es Bereiche deines Lebens, wo du dich aus deiner Geschichte befreist, sie als Spiel erkannt hast, so daß sie nun beendet ist? Und wo ist deine Geschichte nicht beendet? Wo gibst du ihr in deinem Glauben an sie viel zuviel Gewicht? Welche Geschichten, welche Identifizierungen gilt es loslassen, oder auch erst einmal dir ihrer bewußt zu werden und ihnen den bitteren Ernst zu nehmen? Was sind deine Geschichten, deine Identifizierungen, die dich hindern, dich dem, was jenseits deiner Geschichte, jenseits deiner Identifizierungen ist, hinzugeben?

Deine Geschichte war deine Geschichte, und die Zeit, deine Geschichte Geschichte sein zu lassen, ist günstiger denn je. Es ist die Zeit gekommen für mehr und mehr Menschen, in dem vollständigen Bewußtsein ihrer eigenen Göttlichkeit, der Göttlichkeit in allem, was ist, und der Unendlichkeit zu leben und göttliches Sein auf Erden zu "verankern". Die Energie, dich von karmischen, alten Geschichten oder nur von der Idee und von dem Gedanken von gestern zu lösen, dich zu befreien und sie zu beenden, ist durch die Zeitenergie leichter geworden. Und du, der du dieses Buch liest, du hast den Ruf der Unendlichkeit, die Sehnsucht nach dem Einssein vernommen. Du, der du dieses Buch liest, für dich ist Schritt für Schritt oder auch gänzlich der Zeitpunkt gekommen, deine Geschichten zu beenden und das zu sein, was du in Wahrheit schon bist, unendliches göttliches Sein in deinem Leben auf Erden. Es ist die Zeit gekommen, in deinem ganz konkreten menschlichen Leben in göttlichem Sein zu erstrahlen, in göttlichem Gewahrsein deine Arbeit zu tun, dein Leben zu leben, göttliches Sein, wie es sich durch dich ausdrücken mag, zu sein.

Die Zeit der Geschichten ist zu Ende. Löse dich aus den Rädern deiner Vergangenheit. Letztendlich haben deine Vergangenheit und deine vergangenen Leben nicht wirklich existiert. Schenk dem nicht in der Form Aufmerksamkeit, daß du dich durch sie in den Schleier des Vergessens verwickeln läßt. All das heißt nicht, daß es nicht gut ist, dich mit alten Gefühlen der Vergangenheit, vielleicht auch mit vergangenen Leben, mit alten Situationen, auseinanderzusetzen. Doch wichtig ist, daß du dies in einer konstruktiven Form tust, daß du in diese Zeiten, in diese Momente, in diese Gefühle gehst und ihnen Aufmerksamkeit und Gehör schenkst, damit sie dich dann wieder verlassen und sich im Nichts auflösen können. Es geht nicht darum zu sagen, daß die Vergangenheit nicht mehr existiert, und auf einer tieferen Ebene bist du trotzdem verstrickt. Es gilt, den Gefühlen und Verletzungen deiner Vergangenheit Gehör zu schenken, um sie dann gehen zu lassen. Es hilft dir nicht, daraus eine nie endende Geschichte des Leidens zu machen und sie dazu zu benutzen, um anderes, durch das sich das Göttliche durch dich ausdrücken möchte, nicht zuzulassen und dich zu verweigern. Es hilft nichts, immer und immer wieder alte Geschichten aufzurollen, kein Ende zu finden und sie zu benutzen, um deine Feigheit, deine Angst zu verschleiern.

Es ist jedoch hilfreich, wenn du sie wahrnimmst, um sie dann als ein Ausdruck, als ein Spiel, das für dich ernst war, gehen zu lassen. "ES" meint niemals, wenn es über die Befreiung aus den Verstrickungen der Dualität spricht, daß Dualität schlecht ist, daß du dich kopfmäßig distanzieren und über sie erheben sollst. Das ist Flucht. "ES" meint mit dem Beenden deiner persönlichen Geschichte und dem Loslassen von Identifizierungen, die einzelnen Gefühle und Gedanken zuzulassen, jedoch aus ihnen keine Geschichte der Vergangenheit noch eine der Zukunft zu machen. Das, was ist, dich und alles andere so sein zu lassen, wie es ist, in diesem und in jedem anderen Moment.

Göttliches Sein -- unendlicher Frieden - unendliche Stille. ---

Wenn du magst, gehe jetzt in den unendlichen Raum, in das Sein jenseits deiner Geschichte.

"ES", du und deine Geschichte, lösen sich jetzt in der Stille, in der Unendlichkeit göttlichen Seins, im Einssein, auf.

Die Illusion der Trennung

Hier spricht "ES", göttliches Sein, "ES", das auch du bist. Ihr lebt in dem Bewußtsein eurer Dualität getrennt von dem, was existiert. In dem Bewußtsein der Dualität glaubst du, daß du als Individuum existierst, daß du getrennt von allem, was um dich herum existiert, bist. Du glaubst, daß du etwas anderes bist als jemand anders. Du glaubst, mehr oder weniger, daß du deine Geschichte, dein Name, dein Körper, dein Aussehen oder was auch immer, bist. Auf der Ebene der Dualität, auf der Ebene der Illusion, auf der Ebene der Trennung ist dies tatsächlich der Fall. Es existiert auch Unterschiedlichkeit in eurem Aussehen, in dem, wie sich das Göttliche durch verschiedene Menschen ausdrückt. Doch auf der Ebene göttlichen Seins, der Unendlichkeit, seid ihr alle eins. Dort existieren keine Unterschiede mehr. Es existiert dort keine Geschichte, keine Andersartigkeit. Es existiert nur noch All - Einssein. Und ist es nicht gerade das, wonach du immer wieder suchst, dich in Liebe mit allem, was ist, zu vereinigen, zu verschmelzen, dich in Liebe aufzulösen und aus diesem Sein unendlicher göttlicher Liebe, aus diesem göttlichen Gewahrsein heraus in einem menschlichen Körper dein Leben auf Erden zu leben?

Göttliches Gewahrsein läßt den Schmerz des Vergessens, den Schmerz, der aus Identifizierungen entsteht, verschwinden. Wenn du im Gewahrsein deiner eigenen Unendlichkeit, unendlichen göttlichen Seins, lebst, was letztendlich nicht deine "eigene" Unendlichkeit, dein "eigenes" göttliches Sein ist, dann erlebst du die Freude, den Genuß, die Vielfalt und das Wunderbare an der Andersartigkeit, an der Vielfalt menschlicher Erscheinungsformen, an der Vielfalt göttlicher Ausdrucksformen. Erkenne, - du und alle Menschen und alles, was existiert, sind in ihrer Essenz gleich. Du bist du, genauso wie du jede andere Person und alles, was existiert, bist. Es ist ungeheuer schwer für euch Menschen, dies zu begreifen, denn der Schleier des Vergessens, der Schleier der Identifizierungen, der Schleier des Glaubens, eine eigene Person zu sein, hat euch die Einheit, das Einssein vergessen gemacht.

Du nimmst dich getrennt von den anderen Menschen wahr. Du entfernst dich mehr und mehr von dem Einen, du fällst heraus aus der Unendlichkeit und dem Einssein, indem du glaubst und dir Glauben gemacht wird, daß du dein Körper, dein Name und deine Identität bist. Und so ist dein ganzes Leben, dein ganzes Verständnis der Welt auf Trennung ausgerichtet, weil dir wie den meisten von euch die Erfahrung des Einsseins, der Unendlichkeit, in Vergessenheit geraten ist. Und auf einer Ebene stimmt es ja auch. Du hast einen Namen. Du hast einen Körper. Und du hast ein Leben, das es zu leben gilt. Du lebst nun einmal in dieser Welt, in der es Unterschiede gibt. Und das ist ja auch in Ordnung. Es gehört zu dem Spiel, zu dem Spiel eurer Erde, zu dem Spiel, durch die Trennung in vollem Bewußtsein das Einssein zu erkennen, und voller Bewußtsein in die Unendlichkeit, in göttliches Gewahrsein, in unendliche göttliche Liebe zu gelangen. Dort anzukommen, wo und was du schon immer bist, und du so auch gar nicht erst "ankommen" mußt und kannst. Es ist so wichtig zu erkennen, daß es jenseits der Existenz deines Körpers, jenseits der Trennung, jenseits der Identifizierungen die Unendlichkeit und das Einssein gibt. Und das Einssein und die Unendlichkeit liegen nicht an einem fernen Ort, auf einem anderen Planeten, zu dem du erst dann gelangen kannst, wenn deine Seele den Körper verläßt, wenn du stirbst. Die Unendlichkeit, göttliches Sein, Einssein, göttlicher Frieden, sind immer existent. Existent zu jeder Zeit, existent in jedem Moment, existent überall, überall auch in deinem Leben, auch auf Erden. Es gibt keinen anderen Ort, zu dem es hinzugelangen gilt. Es gibt kein Ziel. Unendlichkeit, unendliche göttliche Liebe ist überall. Unendliche göttliche Liebe. Unendlichkeit ist in dir, bist du, ist in deinem Leben. Es gilt nicht, dich aus dem Leben auf Erden zu entfernen. Es gilt nicht, auf einen anderen Zeitpunkt, auf einen anderen Ort zu warten. Genau hier und jetzt, wo du dich befindest, ist vollständiges Erwachen möglich. Die Einheit, das Einssein, existiert immer und immerwährend. Die Unendlichkeit ist ewig. Sie ist eben unendlich und ewiglich und so ist sie zu jeder Zeit und an jedem Ort und das ist in eurem zeitlichen und räumlichen Verständnis immer und überall. Ihr seid eins in Wahrheit. In Wahrheit seid ihr alle göttliches, unendliches Sein, das sich im Nichts auflöst. -- Keine Unterschiede, keine Trennung, eure wahre Essenz, euer wahres Sein ist eins, ohne Unterschiede, ohne Trennung, ohne Besser, ohne Schlechter. Und es gibt nichts, das aus diesem Einssein, aus dieser Unendlichkeit, aus allem, das sich im Nichts auflöst, herausfällt.

Ihr habt oft ein Empfinden, daß ihr aus dem Paradies, besser aus dem Einsein, aus der Unendlichkeit, gefallen seid. Magst du es den Sündenfall, den Schleier des Vergessens oder wie auch immer nennen. Es scheint ein Verlassen des Einsseins, ein Verlassen der Unendlichkeit zu sein. Und dieser Wunsch, diese Sehnsucht nach dem Einssein, nach der Unendlichkeit, nach einem Sein jenseits aller Trennung, jenseits aller Wertungen, jenseits aller Unterschiede, diese Sehnsucht, diese Erinnerung macht euch euren Schmerz der Trennung, (so, wie er euch erscheint) von göttlichem Sein bewußt. Es ist ein unglaublich großer Schmerz, und alles, wirklich alles, läßt sich auf diese Trennung, auf den Schleier des Vergessens, auf den Sündenfall zurückführen. Es existieren viele Schuldgefühle in euch, göttliches Sein verlassen zu haben, schuldig zu sein, die Einheit, die Unendlichkeit, göttliches Sein verraten zu haben, schuldig zu sein, euch in dem Schmerz der Dualität, von Opfer und Täter, von Gut und Böse, von Richtig und Falsch, von Töten und Getötetwerden verstrickt zu haben. Es gibt vieles in eurem Leben, was auf dieses Gefühl von Urschuld zurückzuführen ist, das Gefühl, das Göttliche verraten zu haben, in welcher Form auch immer. Es ist ein unglaublicher, ein unendlicher Schmerz. Es liegt auch ein unendlicher Schmerz in dem Glauben, göttliche Einheit, die Unendlichkeit, göttliches Sein, verlassen zu haben. Es liegt ein unendlicher Schmerz, eine unendliche Sehnsucht in dem Wunsch, wieder zu göttlicher Einheit, zur Unendlichkeit zurückzukehren.

Wie geht es dir, der du diese Worte liest? Wie sieht es aus mit deinem Gefühl, göttliches Sein verleugnet zu haben? Wie sieht es aus mit deinem Gefühl der Schuld? Wie sieht es aus in tiefen Schichten deiner selbst, so etwas wie eine Ursünde begangen zu haben? Oder wie sieht es aus in dir mit einem Vorwurf an Gott, an göttliches Sein, dich verlassen, dich verraten und dich in die kalte Welt geschickt zu haben? Wie sieht es aus mit deinem Gefühl, auf die Erde geschickt und gezwungen worden zu sein, wo du doch lieber in der Unendlichkeit, in unendlichem göttlichen Sein geblieben wärest und dort weiter existiert hättest?

Wie sieht es aus mit deinem Empfinden, mit deinen Bewertungen und mit deinen Gedanken in bezug auf Einssein, die Unendlichkeit und die Existenz in einem menschlichen Körper? Wo haderst du mit der Unendlichkeit, mit dem Einssein, mit Gott? Wo bist du gefangen in dem Glauben, in Trennung und weit weg von göttlichem Sein und der Unendlichkeit zu sein?

Und nun ist es wichtig, daß du konzentriert und
aufmerksam liest:
Ihr alle seid der Illusion der Schuld, das göttliche Sein,
die Unendlichkeit, verlassen zu haben, erlegen.
Ihr seid fast ausschließlich alle der Illusion der Trennung
gefolgt, und ihr seid fast ausschließlich in dem Glauben
gefangen, göttliches Sein, die Unendlichkeit,
verlassen zu haben.
Und jetzt ist es um so wichtiger, daß ihr diesen Irrtum
und diese Illusion erkennt.
"ES" sagt euch, ihr habt die Unendlichkeit, göttliches Sein,
niemals verlassen.
Niemand von euch kann bzw. konnte die Unendlichkeit je-
mals verlassen. Es ist nicht möglich.
Wie kannst du die Unendlichkeit, göttliches Sein,
verlassen, wenn du die Unendlichkeit selbst und göttliches
Sein bist? Und so hat auch niemand von euch jemals
göttliches Sein, Einssein, jemals die Unendlichkeit verlassen.
Und so hat auch niemals irgend jemand von euch in Wahr-
heit göttliches Sein, Einssein, die Unendlichkeit, verleug-
net, verraten oder sich dessen schuldig machen können,
daß er göttliches Sein vergessen hast.
Ihr habt euch nicht schuldig gemacht.
Ihr habt euch auch nicht des Vergessens schuldig

gemacht. Es ist nur ein Spiel, die Unendlichkeit,
göttliches Sein, in vollem Gewahrsein zu erkennen,
das zu erkennen, was du immer und ewig bist
und was du nie verlassen hast.
Es ist eine Illusion, daß du göttliches Sein,
die Unendlichkeit, verlassen hast.

Es gilt, dich zu öffnen und zu erkennen, daß die Unendlichkeit, göttliches Gewahrsein, in jedem Moment "dein" wahres Selbst, "dein" wahres Sein ist. Du selbst und alles, was ist, sind eins, sind die Unendlichkeit, göttliches Sein. Befreie dich von der Vorstellung, dich aus der Einheit göttlichen Seins wegbewegt zu haben. Du hast sie nur vergessen aus dem Blickwinkel, mit dem du dich identifizierst, a-ber auch in Wahrheit kannst du göttliches Sein niemals vergessen. Wie kannst du göttliches Sein verlassen und vergessen, wenn du selbst die Unendlichkeit und göttliches Sein bist? Nur durch die Identifizierung mit deinem Namen, mit deinem Körper und dem absoluten und totalen Glauben, daß das die absolute Wahrheit und die einzige Realität ist, gibt es den Glauben, daß du etwas anderes als göttliches Sein und getrennt von göttlichem Sein und der Unendlichkeit bist. Nur dadurch ist dir die Illusion möglich. Und es ist wirklich nur eine Illusion. Es ist wirklich nicht mehr als ein Traum, der Schmerz und Leid verursacht.

Befreie dich von dem Gefühl, jemals irgendetwas falsch
gemacht zu haben, um aus der Einheit, aus der
Unendlichkeit gefallen zu sein.
Befreie dich von der Vorstellung, daß irgend jemand dir
irgendetwas zugefügt hat, daß du scheinbar
die Einheit und die Unendlichkeit verlassen hast.

Und befreie dich von dem Irrglauben, daß du irgendetwas
falsch oder richtig tun kannst, damit du zur göttlichen
Einheit zurückkehren kannst.
Du kannst nichts falsch und nichts richtig machen,
denn du bist bereits göttliches Sein.
Du bist bereits die Einheit, die Unendlichkeit,
nach der du suchst.
Befreie dich von jeglicher Anstrengung.
Befreie dich von Schuld, von Leistung und Wertung
in bezug auf deine eigene Göttlichkeit,
auf die Unendlichkeit, auf göttliches Sein.
Du hast die Unendlichkeit, göttliches Sein,
niemals verlassen.
Es gibt keinen Sündenfall, keine Schuld.
Einzig und allein der Schleier des Vergessens und der
Glaube an eine Illusion lassen dich das vergessen,
was du bist.
Du bist zu keiner Zeit in Wahrheit aus dem Einssein
gefallen. Es ist nur aus dem Blickwinkel der Dualität,
der Illusion,
daß du glaubst, das Einssein verlassen und
etwas falsch gemacht zu haben,
daß du aus diesem Einssein fallen mußtest.

Es scheint manchmal eine Bestrafung zu sein, die dir
jemand anders oder du selbst auferlegt hast.

Doch die Illusion beginnt schon in dem Glauben, daß du
die Einheit verlassen haben könntest. –
Der Glaube, daß du die Einheit verlassen hast,
die Unendlichkeit und unendliches göttliches Sein,
das ist die Illusion.

Es ist einfach nur eine Illusion, keine Schuld.
Und auch diese Illusion löst sich in der Unendlichkeit auf.
Und so wiederholt "ES" noch einmal, damit du in der Tiefe
deines Selbst dir gewahr bist:
Du bist Einheit.
Du bist die Unendlichkeit, unendliches göttliches Sein.
Du bist bereits mit allem, was ist, verschmolzen,
und all dies löst sich im Nichts der Unendlichkeit auf.
Was kann dir passieren, wenn du bereits eins, göttliches
Sein und Unendlichkeit, bist?

Und nun gilt es Schritt für Schritt, das für manche mehr, für andere weniger Verständliche zu erfahren, zu begreifen und zu erkennen, - zu erkennen, daß du weit mehr, weitaus größer und unendlicher bist, als du glaubst zu sein. Zu erkennen, daß du das bereits bist, dem dein ganzes Sehnen gilt, daß der Ruf der Unendlichkeit, der Ruf dessen ist, was du immer bist, und daß die Unendlichkeit dich letztendlich gar nicht rufen kann, denn Unendlichkeit, unendliches göttliches Sein - ist -. Und wenn du das bereits schon bist, wie kann es dich rufen? Die Unendlichkeit, den Ruf der Unendlichkeit, kannst du nur durch die Identifizierung mit einem "Ich" hören. Die Unendlichkeit ruft dein "Ich", sich in der Unendlichkeit aufzulösen. Die Unendlichkeit ruft dich, damit du dann erkennst, daß du selbst, die "Unendlichkeit", göttliches Sein, dich als Identifizierung ruft. Sie ruft dich, die Illusion der Trennung zu verlassen und zu erkennen, daß du eins und unendliches göttliches Sein bist. Die Unendlichkeit ruft dich, um dich aus der Trennung zu lösen und aus deinen Identifizierungen. Die Unendlichkeit ruft dich, damit du erkennst, was du bist und alles, was existiert, in Wahrheit ist. Es gilt zu erkennen, daß die Unendlichkeit, daß das Einsein, göttliches Sein, in allem, was ist, lebt; die Essenz von allem, was ist, ist, wenn du alle Projektionen und alle Illusionen zurückverfolgst, sie göttliches Sein, göttliche Liebe, die Unendlichkeit und das Einssein selbst sind. So gilt es, das Gemeinsame in allem, was in eurer Welt existiert, zu entdecken, der Unendlichkeit, des Einsseins gewahr zu sein.

Das, was du suchst zu einem anderen Zeitpunkt,
an einem anderen Ort, ist bereits da.
Alles ist bereits vorhanden und
du hast es niemals verlassen.

Und schau einmal in deinem Leben, wo du Trennung erzeugst. Wo glaubst du, daß die wahre Essenz von allem, was ist, unterschiedlich ist. Wo unterliegst du Bewertungen? Wo unterliegst du der Illusion, daß du in Wahrheit etwas anderes bist als eine andere Person?

Und natürlich gibt es unterschiedliche Ausdrucksformen in eurer Welt, gibt es unterschiedliche Erscheinungsformen. Es geht auch gar nicht darum, all diese Unterschiedlichkeiten gleich zu machen. Eure Vielfalt ist ein wahres Geschenk und wunderbar. Eure Vielfalt ist eine Projektion der Unendlichkeit selbst. Und dennoch, trotz der Vielfalt, trotz der Unterschiedlichkeit göttlicher Ausdrucksformen in einem menschlichen Körper, ist und bleibt, daß eure wahre Essenz, euer wahres Sein, die Unendlichkeit, göttliches Sein, ist und daß sich dort alle Andersartigkeit, alle Vielfalt, alle Unterschiede auflösen in einem einzigen Sein. Es gilt die Vielfalt, die Andersartigkeit menschlicher Ausdrucksformen anzunehmen, zu respektieren und das Gemeinsame hinter all der Trennung zu sehen.

Trennung geschieht letztendlich nur, indem ihr an Besser, Schlechter, an Gut und Böse, an Identifizierungen und an eine eigene getrennte Identität glaubt.

Erfreue dich und genieße die vielfältigen Formen des Menschseins als Ausdruck göttlichen Seins, der Unendlichkeit, in der du dich und alle anderen Personen und alle Unterschiedlichkeiten sich auflösen. Es gilt nicht, das Menschsein und unterschiedliche Ausdrucksformen zu verdammen. Das bedeutet, daß du wieder die Unendlichkeit, das Einssein, verschleierst und glaubst, die Unendlichkeit, das Einssein, göttliches Sein, sei dir abhanden gekommen und sei nur zu finden, wenn die Umstände der Erde, die Umstände deiner Welt sich verändern. Du brauchst nirgendwo anders nach der Einheit, nach der Unendlichkeit suchen. Du bist Einssein und unendliches göttliches Sein in jedem Moment. So wie du über lange, lange Zeit die Gedanken der Trennung gelernt hast und sie zu deinen Erfahrungen wurden, so wird es vielleicht auf eurer menschlichen Ebene Zeit brauchen, bis du Schritt für Schritt wirklich verinnerlichst und dir gewahr bist, daß du eben nicht diese Trennung, sondern bereits unendliches göttliches Sein, Einssein, Verschmelzen und die Unendlichkeit bist, daß du das bist, wonach du dich sehnst und wonach du suchst. Es mag dir schneller oder langsamer möglich sein. Es spielt keine wirkliche Rolle, denn in der Unendlichkeit existiert keine Zeit. Und in Wahrheit bist du ja bereits Unendlichkeit und Einssein.

Auf eurer Ebene der Zeitentwicklung mag es wichtig sein, intensiv den Ruf der Unendlichkeit zu hören und deiner Sehnsucht nach Einssein zu folgen, mag es wichtig sein, dich immer wieder zu erinnern, daß du Einssein und Unendlichkeit bereits bist. Es ist wichtig, daß du die Illusion der Trennung Schritt für Schritt oder auch von heute auf morgen, wie auch immer, überwindest. Irgendwann gibt es vielleicht den Wunsch in dir, nichts anderes mehr zu wollen, als dem Ruf der Unendlichkeit und dem Wunsch nach Einssein zu folgen. Irgendwann, vielleicht jetzt, ist der Punkt, an dem du erkennst und dir göttlichen Seins, Einsseins und der Unendlichkeit gewahr bist. Alles, was du suchst, ist bereits vorhanden. Alles, was du suchst, ist in deinem Leben, an dem Ort und zu dem Zeitpunkt, wo du dich befindest, vorhanden, - nicht einmal vorhanden, sondern existent.- Es ist - einfach, einfach Sein.

Letztendlich brauchst du nirgendwohin zu reisen, brauchst du keinen Lehrer, brauchst du nichts im Außen, denn du bist bereits all das. Du bist bereits all das, was du suchst. Dennoch kann es wichtig sein, bis zu einem bestimmten Punkt einem menschlichen Lehrer zu folgen, an einen anderen Ort zu gehen und auch äußere Bedingungen zu verändern. Es spielt keine Rolle, denn das, was du suchst, ist immer da, jenseits der Trennung, jenseits von allem, was du in Worten, in Form, in Sprache wahrnehmen kannst. Die Trennung erzeugt Schmerz. Die Trennung bzw. dein Glaube an sie hat dir großes Leiden zugefügt. Es ist Zeit, dieses Leiden zu beenden. Es ist Zeit, den Glauben und die Identifizierung mit Trennung aufzugeben.

Es ist Zeit, und es ist nicht Zeit, denn in der Unendlichkeit existiert keine Zeit. Denn in Wahrheit bist schon immer göttlich, göttliches Sein und die Unendlichkeit. Auf der E-bene zeitlichen Erlebens, in deiner Identifizierung mit der Person, die du glaubst zu sein, ist es Zeit. Es ist Zeit, den ewig langen, unendlichen Schmerz deines Glaubens an die Trennung und an die Illusion zu beenden. Jetzt. -----
Wie lange willst du noch weitermachen? Wie lange willst

du auf der Ebene eures zeitlichen Erlebens noch leiden? Es ist deine Wahl. Es ist deine Entscheidung. Und gleichzeitig: Es gibt nichts zu tun und alles ist so, wie es ist, vollkommen. Es gibt nichts falsch und nichts richtig zu machen, und wenn du auf der Ebene der Zeit Zeit brauchst, um Schritt für Schritt vorwärtszugehen, dann ist das letztendlich genauso vollkommen, als wenn du dich langsamer, schneller, sofort oder gar nicht befreien willst und befreist. Mach aus dem, was "ES" zu vermitteln versucht, nicht wieder Trennung in das, was richtig und falsch auf diesem Weg ist, in das, was du für oder gegen den Ruf, für oder gegen das Einssein tust. Laß geschehen, das, was geschehen will, ohne zu kämpfen, ohne Trennung, Angst, Ehrgeiz, oder dich, in welcher Form auch immer, unter Druck zu setzen.

Was gibt es in Wahrheit zu tun, wenn du bereits Einssein, Unendlichkeit und göttliches Sein bist? Laß los! Es geschieht, was geschehen will. Du kannst deine Schritte gehen in Stille, in Ruhe und Frieden, in "deiner" Zeit so, wie du magst. Und dann kommt ein Punkt, wenn du all diese Schritte gegangen bist, wo du nichts mehr tun kannst, wo das Bewußtsein, das vollständige Gewahrsein göttlichen Seins, das Bewußtsein deiner wahren Essenz, sich über dich ergießt und deine Identifizierungen auflöst. Deine Initiative, um dich von Identifizierungen und Verstrickungen, von der Illusion der Trennung zu lösen, ist wichtig, um dich dann und immer wieder der Unendlichkeit hinzugeben, dem Einssein in deinem konkreten Leben hinzugeben, um für immer zu erwachen und dir unendlichen göttlichen Seins für immer gewahr zu sein.

Wenn du mehr und mehr erkennst, was du in Wahrheit bist, werden mehr und mehr Menschen, ohne daß du irgendetwas tust, ihr wahres Sein in dir wiedererkennen. Trennung, die Illusion der Trennung, wird sich mehr und mehr auflösen, indem mehr und mehr Menschen erwachen aus dem Traum, aus der Illusion der Trennung, und in dem Bewußtsein der Unendlichkeit und göttlichen Seins leben und die Illusion, das Spiel der Andersartigkeit, der Projektionen göttlichen Ausdrucks lieben, genießen und Freude daran finden können. Trennung, das Bewußtsein und die Illusion der Trennung und der Nebel des Vergessens werden sich mit jedem Menschen, der ein Stück mehr und schließlich ganz in seiner "eigenen", der unendlichen Göttlichkeit, erwacht, auflösen.

Es ist die Zeit gekommen, daß immer mehr Menschen, wie auch du, vollständig erwachen und erkennen, daß sie schon in Wahrheit göttliches Sein und vollständig erwacht sind. Trennung löst sich in der Unendlichkeit auf. Trennung verschmilzt zu unendlichem Sein. Trennung verschmilzt, hebt sich auf in einem einzigen Sein.

Jenseits der Worte, jenseits von Form, jenseits von Wertungen löst sich die Trennung in Einssein, in Unendlichkeit auf. Und so ist und wird es immer wichtiger, diesen Ruf der Unendlichkeit, das Sein, göttliches Sein, zu erfahren, um zu erfahren, was und wer du in Wahrheit bist. Und eines Tages wirst du dich für immer in dem Raum jenseits der Illusion der Trennung, in dem Gewahrsein der Unendlichkeit, des Einsseins, befinden. Und das ist dir, sowie jedem anderen auch, zu jedem Zeitpunkt, jetzt und in diesem Leben möglich.

Und schau immer wieder, wo du dich in der Illusion der Trennung befindest. Begib dich immer wieder in den unendlichen Raum unendlichen göttlichen Seins, dorthin, wo "du" immer und ewig und in Wahrheit existierst.

Stille, ----- Frieden und Unendlichkeit, --- jenseits der Trennung, -- jenseits des Schmerzes, --- jenseits deiner Identifizierungen.

Habe den Mut, immer wieder die Trennung zu verlassen und dich dem Einssein und der Unendlichkeit hinzugeben und aus ihrem Gewahrsein der Vielfältigkeit und der Andersartigkeit menschlichen Seins zu begegnen. Dann sind die Andersartigkeit und die Vielfalt keine Bedrohung und keine Ursache für Schmerz mehr. Aus dem Gewahrsein der Unendlichkeit, aus dem Gewahrsein göttlichen Seins, lebst du ein Leben in Frieden und Liebe für all die Möglichkeiten, für all die Vielfalt menschlichen Seins, die so existieren darf, die du so sein lassen kannst, wie sie ist, und ihre Essenz, die Unendlichkeit und die Göttlichkeit erkennst.

Und so tritt "ES", wenn du magst, mit dir, jetzt in den raumlosen Raum der Unendlichkeit, unendlichen göttlichen Seins, tiefen Friedens, ein, in dem du für immer verweilen kannst, in dem sich alles im Nichts auflöst. ---- Nichts, --- Unendlichkeit, --- göttliches Sein, Einssein. --- Frieden, -- "ES" und "Du" lösen sich in der Unendlichkeit auf.

Einssein mit Gott in einem menschlichen Körper

"ES" möchte hier an dieser Stelle ausführlich auf das Thema Einssein mit Gott, - Erleuchtung, göttliches Gewahrsein, zu sprechen kommen, auch auf deine Vorstellungen, die du von einem erleuchteten Menschen auf Erden hast.

Welche Vorstellungen hast du? Was glaubst du, wie Erleuchtung in einem menschlichen Leben sich ausdrükken mag? Was glaubst du, gilt es zu tun oder nicht zu tun? Was glaubst du, wovon ist Erleuchtung abhängig? Was glaubst du, wie Erleuchtung, göttliches Gewahrsein, sich in einem menschlichen Leben ausdrückt? Was glaubst du, was Erleuchtung eigentlich ist? Was glaubst du, wo du selbst stehst, in bezug auf Erleuchtung? Wie weit weg oder wie nah dran? Wie vorstellbar oder wie wenig vorstellbar ist für dich "Erleuchtung"? Lasse diese Fragen einmal zu und erkenne die Geschichten in dir, die Regeln, die Wertungen und die Erwartungen, die du in bezug auf Erleuchtung, auf das Einssein mit Gott, aufgestellt hast und die deine Erfahrung und deine Vorstellungen beeinflussen.

Glaubst du, daß es ein Privileg ist, "erleuchtet" zu sein und nur wenigen Menschen vorbehalten? Was empfindest du, was nimmst du wahr in dir, wenn du das Wort "Erleuchtung" hörst? Was ist für dich damit verbunden? Was passiert, wenn du den Wunsch nach "Erleuchtung", nach vollständigem göttlichen Gewahrsein, nach der Unendlichkeit, zulassen würdest? Gibt es Scham in dir, dich vielleicht zu wichtig zu nehmen oder dadurch "abgehoben" und weltfremd zu sein? Gibt es ein Gefühl in dir, daß dir das nicht wirklich zusteht? Gibt es ein Gefühl, daß du diesen Wunsch nicht äußern darfst, ohne dafür vielleicht verspottet und nicht mehr ernst genommen zu werden?

"Erleuchtung", Einssein mit Gott, Erwachen, vollständiges göttliches Gewahrsein und alles, was damit verbunden ist, scheint in eurer Gesellschaft ein Tabuthema zu sein. Es ist angst- und schambesetzt. Es scheint ebenso verwirrend wie unklar zu sein, und der Wunsch danach unterdrückt und für viele mit dem Schleier des Vergessens bedeckt. Es ist wahrhaftig ein schwieriges Thema in eurer Gesellschaft. Erleuchtung, der Wunsch nach dem Einssein mit Gott, und die Suche und die Beschäftigung damit sind ein ähnliches Tabuthema, ein ähnlich belächeltes, schambesetztes und nicht verstandenes Thema, wie es Sexualität vor vielen Jahren bei euch war und immer noch ist. Es existieren so viel Verwirrung, so viele "falsche" Informationen, so viele "falsche" Vorstellungen, so viele Ängste, Projektionen und Bewertungen, die es euch erschweren, "Erleuchtung", göttliches Sein und Unendlichkeit zu erfahren.

Mehr und mehr ist "Aufklärungsarbeit" in bezug auf Erleuchtung, göttliches Gewahrsein, göttliches Sein in einem menschlichen Körper gefragt. Mehr und mehr Menschen werden sich auf die Suche machen und sich ganz bewußt nach Hilfen und Anleitungen auf ihrem Weg umschauen. Und diese Übermittlungen wollen Beitrag leisten, die Verwirrungen, die mit dem Thema Erleuchtung in Verbindung stehen, zu klären. Und soviel Klärung und Deutlichkeit dir dieses Buch sowie andere Bücher, Informationen und Lehren auch zu diesem Thema schenken können, wird trotzdem ein wenig Verwirrung über göttliches Sein, Unendlichkeit und unendliche göttliche Liebe bestehen bleiben. Das hängt damit zusammen, daß ab einem bestimmten Punkt, wie "ES" es euch schon sagte, keine Erklärung, kein Konstrukt, kein Wegweiser und kein Wort das erklären kann, was in Wahrheit ist - unendliches göttliches Sein.

Und so möchte "ES" euch nun einmal mehr ein paar Anhaltspunkte und ein paar Überlegungen für das Einssein mit Gott, für das "erleuchtete" Leben in einem menschlichen Körper geben. Und gleichzeitig seid euch bewußt: Es ist nur eine Form des Ausdrucks, eine Möglichkeit, eine Absicht, die nicht die letztendliche Wahrheit darstellen kann. Letztendliche Wahrheit ist reines Sein. Und so sind auch die Worte von "ES" jetzt auch nur ein Konstrukt, um euch näher an die Wahrheit zu führen. Hier ist es ganz wichtig zu erkennen, und "ES" betont und wird es immer wieder betonen, daß Erleuchtung nichts damit zu tun hat, dich aus menschlichem Sein in der Form zu distanzieren und zu erheben und du dann keine Gefühle und keine Gedanken mehr hast.

Auch erleuchtete Menschen nehmen Gefühle war. Auch erleuchtete Menschen können traurig oder wütend sein und Freude empfinden. Auch erleuchtete Menschen haben Gedanken. Auch erleuchtete Menschen können verschiedene Vorlieben haben. Erleuchtete Menschen können rauchen, können Schokolade essen. Sie unterscheiden sich auf den ersten Blick nicht von "ganz normalen" Menschen,- sie können, aber müssen nicht. Was ist der Unterschied in den Gefühlen eines erleuchteten und eines nicht erleuchteten Menschen?

An sich ist es absurd, überhaupt einen Unterschied zu machen, denn ihr seid bereits "erleuchtet". Ihr alle seid bereits vollkommen. Ihr alle seid in der gleichen Essenz göttlichen Seins, göttlicher Liebe. So gibt es in Wahrheit nicht jemanden, der erleuchtet und einen anderen, der nicht erleuchtet ist. In Wahrheit seid ihr eins, alle unendliches göttliches Sein selbst. Auf der Ebene der Dualität gibt es diese Unterscheidung, und "ES" läßt sich für einen Moment auf euer Absurdum ein und macht die Trennung, wie ihr sie in eurem Bewußtsein macht, zwischen einem erleuchtetem und nicht erleuchtetem Menschen, obwohl es diesen Unterschied nicht wirklich gibt. Ein "erleuchteter Mensch" läßt Traurigkeit fließen, läßt Traurigkeit da sein, ohne sich damit zu identifizieren, ohne aus dieser Traurigkeit eine Geschichte zumachen, ohne sich in der Traurigkeit zu verstrikken. Dieser "erleuchtete Mensch", dieses "erleuchtete Wesen" ist für einen Moment Traurigkeit, weil Traurigkeit in diesem Moment sein göttlicher Ausdruck ist. Doch in diesem Gewahrsein verstrickt sich dieser Mensch nicht in seinem Gefühl. Er ist Zeuge dieses Gefühls und sich bewußt, daß er selbst vollkommen und unendlich ist, wie alles andere auch, und sich Traurigkeit für einen Moment ausdrückt. Du kannst es auch als eine Art stiller Beobachter sehen. Wobei hier wiederum nicht gemeint ist, dich von deinen Gefühlen zu distanzieren, um sie nicht fühlen zu müssen. Das ist eine Form der Verdrängung. Erleuchtete Menschen können auch traurig oder wütend sein. Erleuchtete Menschen sind auch von Gedanken und Gefühlen in der Form nicht befreit, daß alle Gedanken und Gefühle für immer verschwinden. Sie sind insofern befreit, als kein Gefühl und kein Gedanke von wirklicher Bedeutung für sie ist. Sie dürfen da sein und das sein, was sie sind, und das ist alles. Insofern sind erleuchtete Menschen von ihren Gefühlen und Gedanken frei, was, wie gesagt, nicht heißt, daß sie keine Gefühle und Gedanken haben. Sie identifizieren sich nur nicht mehr mit ihnen. Sie springen nicht auf den Zug der Bewertung, der Verstrickung mit einem Gedanken, mit einem Gefühl oder einer Vorstellung auf. Sie haben für immer erkannt, daß sie in Wahrheit unendlich, unsterblich und göttliches Sein sind. Immer und ewiglich.

Auch vorübergehende Angst kann erscheinen und wieder gehen. Ein erleuchteter Mensch unterliegt auch den Informationen eines menschlichen Körpers. Je nachdem, wie sich Erleuchtung, göttliches Sein durch dieses Wesen in dem Gewahrsein der Unendlichkeit, unendlichen göttlichen Seins, ausdrückt, mag er sich mehr oder weniger aus manchen Körperfunktionen erheben können. Aber das muß nicht zwingend der Fall sein. Auch im "Bereich der Erleuchtung" gibt es noch Entwicklungsstufen, nämlich in der Form, wie sich göttliches Sein durch diesen Menschen ausdrückt. Die Essenz, die Ewigkeit und unendliches göttliches Sein hat jedoch keine Unterschiede eines Grades an Erleuchtung. Auf dieser Ebene, in diesem Sein, hebt sich alles auf. Auf dieser Ebene ist alles, was ist, bereits vollkommen, - nicht mehr und nicht weniger vollkommen. Doch auf der Ebene eures Menschseins kann sich unendliches göttliches Gewahrsein, Erleuchtung, auch noch in verschiedenen Entwicklungsstufen darstellen.

Auch ein erleuchteter, vollständig erwachter Mensch entwickelt sich auf eurer menschlichen Ebene weiter. So kannst du dir vorstellen, daß es in der äußeren Form nichts Konkretes gibt, wie sich Erleuchtung ausschließlich auszudrücken vermag. Also, mache dich frei davon, an bestimmten Dingen erkennen zu können, wie nah oder wie weit entfernt jemand von vollständigem göttlichen Gewahrsein, von der Erleuchtung, ist. Es geht nicht um die menschliche Ausdrucksform. Es geht um das ununterbrochene, unendliche Gewahrsein göttlicher Liebe, göttlichen Seins. Und so gibt es Menschen, die vollständig erwacht, erleuchtet sind, die rauchen, Süßigkeiten oder Fleisch essen. Und du wirst dich vielleicht fragen, wie kann das sein?

Das, was du in Wahrheit bist, unendliches göttliches Sein,
kann nicht rauchen, Schokolade essen, kann nicht von
einem kurzen Verlangen bedroht werden. Du bist dir der
Unendlichkeit göttlichen Gewahrseins bewußt,
und ob du rauchst oder nicht rauchst,
ob du Schokolade oder Fleisch ißt oder nicht,
spielt in unendlichem Sein keine Rolle.
Es ist so, wie es ist.
Unendliches göttliches Sein, göttliches Gewahrsein,
bleibt von Fleischessen oder nicht,
von Rauchen oder nicht unberührt.
Es wird genauso wenig davon berührt wie davon,
- ob du Angst hast oder nicht, ob du dich für gut oder
schlecht hältst oder nicht. Göttliches, unendliches Sein ist
zu jeder Zeit. Es läßt sich durch nichts und niemanden
beirren oder verändern.
Es ist immer und ewiglich.
Was spielt also all das, ob Gut oder Böse, was du ißt oder
nicht, in göttlichem Sein für eine Rolle? Auf einer anderen
Ebene, der Ebene der Dualität, spielt sie es allerdings
doch. Wenn du dich auf der Ebene von Ursache und
Wirkung und von Karma befindest, dich damit identifizierst,
dann hat es eine Bedeutung und eine Auswirkung, ob ein
Tier getötet wird und du es ißt. Auf der Ebene der Dualität
hat auch das Rauchen seine Wirkung, kann auch das
Rauchen dich gefangen halten, bzw. du kannst dich durch
das Rauchen einfangen und benebeln lassen, um viel-
leicht das Göttliche, das Unendliche, nicht wahrzunehmen.
"ES" möchte hiermit nicht sagen, daß es richtig oder falsch

ist, Fleisch zu essen, sich so oder anders zu verhalten.
"ES" möchte dir nur verdeutlichen, daß es etwas viel
Größeres, Unendliches gibt, das du in Wahrheit bist,
das nicht von Rauchen oder Nichtrauchen,
von Wütend- oder Nichtwütendsein,
von Erfolgreich sein oder Nichterfolgreichsein abhängig ist.
Du bist bereits vollkommen.

Es ist eine "gute" Entwicklung, daß immer mehr Menschen weniger Fleisch essen. Es ist eine "gute" Entwicklung, sich vom Rauchen zu lösen. Und wenn du aus der Tatsache, daß du nicht rauchst, kein Fleisch und keine Süßigkeiten ißt, eine "Geschichte" machst und dem zuviel Gewicht und Bedeutung gibst, dann ist das "Gute", für das du dich einsetzt, auch nicht mehr als nur eine weitere Illusion, mit der du dich identifizierst.

Ob du Fleisch ißt oder nicht, ob du rauchst oder nicht,
letztendlich ist davon unendliches göttliches Gewahrsein,
Erleuchtung, die Erkenntnis, daß du bereits
erleuchtet und all - eins bist, nicht abhängig.

Und trotzdem kann es ein wichtiger Schritt auf dem Weg deiner Wahrheit sein, nicht mehr zu rauchen, kein Fleisch und keine Schokolade zu essen.

Nur glaube nicht, daß du ein perfekter, ein besserer Mensch werden und dich aus allen Menschlichkeiten entfernen mußt, um zu erkennen, daß du bereits erleuchtet, unendliche göttliche Liebe, bist. Das ist der Weg des Kampfes. Der Glaube, perfekt sein zu müssen, um erleuchtet zu werden, ist schon die Verstrickung. Das wird auf diesem Wege niemals passieren. Deine Vorstellungen von dem, was perfekt ist, deine Vorstellungen von dem, was du zu erfüllen hast, damit du erleuchtet wirst, sind ein unendliches großes Hindernis.

Die Vorstellung, perfekt und frei von allem Menschlichen
sein zu müssen, ist das Gefangensein selbst,
der Glaube an absoluten Perfektionismus.
Dieses Anhaften an Bildern und Vorstellungen des
Perfektionismus, wie du zu sein und nicht zu sein hast,
um erleuchtet zu sein, um "erleuchtet zu werden",
halten dich gefangen.

Es ist so ungeheuer wichtig, daß du erkennst, daß das Streben nach absolutem Perfektionismus, nach etwas, das perfekt ist, dich nicht wirklich weiterführt. Es kann dir auf dem Weg des Lernens bis zu einem bestimmten Punkt manchmal dienen. Der Perfektionismus führt dich aber nicht direkt zur Erleuchtung, zu deinem Wunsch nach dem Eins-sein, nach der Unendlichkeit, nach unendlichem göttlichen Sein, unendlicher göttlicher Liebe. Der Perfektionismus und die Vorstellung des Perfekten, die du hast, sind auch nur ein Konstrukt und eine Illusion, die dich in der Trennung gefangenhält. Auch das Perfekte, das du anstrebst und mit dem du dich identifizierst, und sei es noch so edel und so gut, basiert auch auf der Vorstellung, daß irgendetwas besser ist als etwas anderes, basiert auch auf der Vorstellung, wenn du nur anders wärest, daß du dann vielleicht "erleuchtet", eins mit Gott wärest. Und das ist nicht der Fall. Das Streben nach dem Perfektsein ist eine nicht endende Geschichte, die Leid und Schmerz verursacht. Immer bist du nicht gut genug und nie wirst du das Perfekte erreichen. Immer wieder glaubst du, daß es ein besseres Verhalten, ein besseres

Sein, ein besseres Gefühl gibt als das, was du in diesem Moment bist. Und das entspricht nicht der Wahrheit. Du bist zu jeder Zeit unendliches, göttliches Sein, und so bist du bereits vollkommen, unvergänglich und ewiglich.

Der Perfektionismus spielt dir vor, daß du dich irgendwohin entwickeln und noch besser werden mußt, um dann die "Erleuchtung", göttliches Gewahrsein, Einssein, verdient zu haben.

Das entspricht nicht der Wahrheit.

Du kannst dir Erleuchtung nicht verdienen.

Du kannst dich nicht verbessern, damit du dann das bekommst und das erreichst, wonach du dich sehnst und es eben erst durch Perfektion erreichen kannst.

Unendliches göttliches Sein bist du bereits.

Wie kann es sein, das du noch perfekter werden muß, um unendliches göttliches Sein, unendliche göttliche Liebe, zu sein, wenn du es bereits bist?

Die Identifizierung mit dem Perfektionismus hält dich gefangen und hindert dich, das zu erkennen, was du in Wahrheit bist.

Oft verwechselst du Perfektionismus mit "Erleuchtung", mit vollständigem göttlichen Gewahrsein.

Oft scheint dein Ziel, dein Wunsch nach Unendlichkeit, nach unendlichem göttlichen Gewahrsein, mit Perfektionismus identifiziert zu werden.

Es ist wichtig, daß du lernst, das Göttliche in allem, was ist, zu erkennen. Es ist wichtig, daß du erkennst, daß sich Wahrheit, unendliches göttliches Sein, das du bist, nicht nur im Offensichtlichen, im Besonderen oder im Schillernden ausdrückt, sondern im Alltäglichen, im Einfachen und im Gewöhnlichen, in allem, was ist.

Wenn du Perfektion verlangst und das für wichtig und für wahr hältst, dann bist du wirklich wieder nur in einem weiteren Konstrukt gefangen. Es gibt nichts gegen Perfektionismus einzuwenden, wenn du dich nicht mit ihm identifizierst, wenn du nicht glaubst, nur durch Perfektion und "wenn ich doch nur schon weiter entwickelt wäre" glücklich, vollendet und unendliches göttliches Sein und das Ewige zu sein. Wenn du in unendlichem göttlichen Gewahrsein, in unendlicher göttlicher Liebe bist, dann bist du dir Gefühlen wie Traurigkeit, Freude gewahr, ebenso wie perfektionistischen Ansprüchen und Gedanken. Du bist ihr Zeuge. Sie dürfen sein. Doch du identifizierst dich nicht mit ihnen. Du glaubst dem Perfektionismus nicht, daß er dich zu wahrem Sein führt, denn du bist dir unendlichen göttlichen Seins gewahr. Und es ist wichtig zu erkennen, daß der Wunsch nach Perfektion dich nicht zu dem führt, was du in Wahrheit suchst. Es ist nur eine weitere Illusion, die sein und existieren darf, ohne daß du ihr wirkliche Bedeutung gibst und dich in sie verstrickst.

Das Thema Perfektionismus ist ein wahrhaft wichtiges Thema in deinem Leben. Viele Menschen erhoffen sich durch Perfektion unverletzbar, unberührbar zu werden. Sie versprechen sich von Perfektion die Unendlichkeit, göttliches Sein, Einssein mit allem, was ist. Doch Perfektionismus bedeutet auch, dich über das Menschliche stellen zu wollen, aus dem Menschlichen fliehen und dich erhaben machen zu wollen. In dem Streben nach Perfektion wirst du niemals ankommen. Du wirst das, was du durch sie suchst, die Unendlichkeit, die Ewigkeit, das Unzerstörbare, alles und nichts, nicht finden, nicht sein können. Es ist ein Ziel, das du so niemals erreichen wirst. Es ist ein Ziel, das viel Leid und Schmerz verursacht. Habe den Mut, zu deiner Menschlichkeit zu stehen. Und habe den Mut, Traurigkeit, Ärger und Freude zuzulassen, einfach durch dich fließen zu lassen. Habe den Mut, zu deiner Menschlichkeit, zu dem "Unperfekten", das so vollkommen ist, zu stehen.

Alles, was existiert, ist ein Konstrukt. Alles ist Illusion und nichts, was vielleicht durch viele "Autoritäten" bestätigt, als wahr festgehalten und als Gesetzmäßigkeit bezeichnet wird, ist wahrer oder perfekter als irgendetwas anderes. Nur weil viele Autoritäten etwas für wahr halten, muß es nicht die Wahrheit sein. Außer der letztendlichen Wahrheit, die sich nicht in Worten ausdrücken läßt und die am nächsten durch Gott, unendliches göttliches Sein, göttliche Liebe, Unendlichkeit, Nichts bezeichnet werden könnte, existiert nichts. Alles andere sind Konstrukte, Illusionen, Projektionen. Und so darf all das sein, was ist, wie sich das Göttliche in diesem Moment durch dich auszudrücken vermag. Und sei es in Traurigkeit, sei es in Ärger, sei es in Freude. Was kannst du falsch und was kannst du richtig machen, wenn alles, auch das, was Autoritäten für wahr und ihr alle als gegeben hinnehmt, nur ein Konstrukt, nur Illusion und nicht die letztendliche Wahrheit ist? Macht es dann noch einen Unterschied, ob du dies oder jenes willst, ob du so oder so bist, ob du "unperfekt" oder "perfekt" bist?

Aus dem Gewahrsein der Unendlichkeit, unendlichen göttlichen Seins, ist keines eurer Konstrukte mehr oder weniger wahr. Es sind einfach nur Konstrukte. Die Quelle selbst sind all diese Konstrukte niemals und werden sie niemals sein. Es sind alles Projektionen. Also habe den Mut, die Erkenntnis zuzulassen, daß du gar nichts falsch machen und kein perfekterer Mensch werden kannst. Traue dich zu dem, was du bist, zu stehen, in diesem Moment. Trau dich, das zu sein, was du bist, in jedem Moment. Trau dich, deine Wahrheit zu äußern, deine Wahrheit zu leben. So zu sein, wie sich das Göttliche in der Projektion durch dich ausdrücken mag. Gebe keinen Autoritäten mehr Gewicht als das, was in dem Moment für dich und durch dich ist. Gebe nicht deiner Vorstellung vom Perfekten soviel Macht, daß sie dich abhalten kann, das zu sein, das zu erkennen, was du schon immer bist. Sieh all das, was du tust, als ein Spiel an. Und so viele "Wahrheiten", die eigentlich Illusion sind, existieren in eurer Welt nebeneinander und dürfen nebeneinander in bunter Vielfalt existieren. Du bist frei, wenn du erkennst, daß es keine Rolle spielt, ob du den roten, grünen oder gelben "Mantel" wählst, ob du diese oder jene Aussage machst. Das, was du in Wahrheit bist, kann dadurch niemals berührt, niemals zerstört werden. Habe den Mut, so, wie sich das Göttliche durch dich ausdrücken mag, zu sein, zu leben. Habe den Mut zum "Unperfekten". Wenn alles, was dir "perfekt" erscheint, auch "unperfekt" ist und auch nicht die letztendliche Wahrheit und in Wahrheit keine größere Autorität hat als alles andere, dann bist du frei zu tun, zu handeln und zu sein, wie du in diesem Moment bist, und du kannst gar nicht verletzt und zerstört werden, weil du "unperfekt" warst und "perfekter" hättest sein müssen. Es kann dir nichts passieren.

Was kann dir passieren, wenn es weder Perfekt noch Unperfekt, Richtig und Falsch, Gut und Böse gibt? Ihr haltet euch sehr durch euere Vorstellungen davon, wie etwas perfekt zu sein oder auszusehen hat, gefangen und laßt vieles, was sich durch euch ausdrücken mag, gar nicht zu, weil es durch ein Sieb von Beurteilungen - Perfekt oder Unperfekt, Richtig oder Falsch, Gut oder Böse - läuft. Vieles von dem, was du bist und wie sich das Göttliche durch dich ausdrücken mag, wird ausgefiltert. Perfektionismus ist eine große Falle. Perfektionismus und deine Vorstellungen von Gut und Böse, Falsch und Richtig hindern dich oft zu erkennen, daß das Göttliche in allem ist. Es gibt nichts, das mehr oder weniger göttlich ist als etwas anderes. Göttliches Sein, Unendlichkeit, drückt sich in allem, was ist, aus. Es gibt nichts, was ein größeres Recht hat, angenommen und geliebt zu sein als etwas anderes. Liebe, unendliches göttliches Sein, ist in allem, was ist. Und so strebe nicht danach, erst etwas Bestimmtes sein zu müssen, um mit göttlichem Sein für immer zu verschmelzen. Du bist bereits angekommen, so wie du bist, in diesem Moment. Du mußt keine "Eigenschaft" verändern, keine Vorstellung und kein Gefühl. Du läufst sonst immer weiter und weiter und kommst nie an. Wenn du still und ganz in diesem Moment bist, ohne in die Vergangenheit noch in die Zukunft zu gehen und ohne etwas erreichen und erzwingen zu wollen, dann kannst du jetzt in diesem Moment erkennen, daß du Göttlichkeit, Unendlichkeit, unendliches göttliches Sein bist, daß du dich nirgendwohin und schon gar nicht zu einem perfekten Menschen entwickeln mußt. Es wird eine nicht endende Geschichte, wenn du immer weiter nach vorne, wenn du immer weiter nach Perfektion und nach irgendwelchen Zielen strebst. Es wird sonst wie der Begriff sein, der euch bekannt ist - " *A never ending story"*.

Frage dich, ob du aus deiner Geschichte eine niemals endende Geschichte machen willst, indem du nach Perfektion strebst und nicht das "Perfekte" im "Unperfekten", im Menschlichen siehst, das Göttliche in allem, was ist.

Frage dich, ob deine Geschichte, die Suche und das Streben nach Perfektion ein Ende haben sollen.

Frage dich, ob du der Unendlichkeit, deinem wahren Sein, jetzt begegnen willst.

Das, was du suchst, das, was du durch deinen Wunsch nach Perfektion versuchst anzustreben, Unendlichkeit, unendliches göttliches Sein, kannst du jetzt "erreichen". Du bist bereits angekommen. Du bist bereits vollkommen. Du bist bereits das, wonach du suchst. Und ein wichtiger Schlüssel auf deinem Weg ist, dich immer weniger mit Perfektionismus zu identifizieren und den Mut zu haben, das, was du bist, sich in jedem Moment ausdrücken und sein zu lassen. Was ist falsch daran, Angst zu haben, wenn du Angst hast? Was ist daran falsch, Schokolade zu essen? Was ist daran falsch, übergewichtig zu sein? Was ist daran falsch, Angst zu haben nicht geliebt zu werden? Was ist daran falsch, wenn du ungeduldig bist? Was ist daran falsch, daß du feige bist? Es wird schwierig und erzeugt nur dann Schmerz, wenn du glaubst, daß all das nicht sein darf und du dagegen ankämpfst. Es erzeugt Schmerz, wenn du dich mit all dem identifizierst, wenn du glaubst, eine getrennte Person, ein "Ich" zu sein und dir deines wahren Seins nicht gewahr bist.

Du kämpfst einen Kampf, den du niemals gewinnen kannst. Du kannst die Angst niemals wegmachen. Du kannst Wut nicht besiegen. Was du jedoch kannst ist, sie da sein zu lassen und dich nicht mit ihr zu identifizieren. Du verstrickst dich, wenn du dich über all das stellen willst. Du kannst das, was auf eurer menschlichen Ebene existiert, nicht verleugnen, nicht bekämpfen. Du kannst nur dich nicht verstricken und dich mit all dem nicht identifizieren. Du kannst dir "deiner eigenen" Göttlichkeit, der Unendlichkeit, gewahr sein. Und Traurigkeit ist Traurigkeit, Übergewicht ist Übergewicht und Schokolade ist Schokolade.

Warum willst du immer irgendwohin streben,
immerfort und immer weiter?
Was macht es für einen Sinn, wenn du bereits
angekommen bist in diesem Moment und niemals das
Göttliche, die Unendlichkeit, verlassen hast?
Es ist schon jetzt da für dich. Du bist es jetzt schon.
Kämpfe keinen Kampf gegen Gefühle und gegen
menschliches Sein, den du niemals gewinnen kannst.
Was ist denn an dieser Welt, so wie sie ist, und an dir,
so wie du bist, auszusetzen?
Wer sagt dir, daß du so, wie du bist, und so,
wie alles in jedem neuen Moment ist, nicht vollkommen
ist? Der Punkt, an dem alles nach deinen Vorstellungen
perfekt ist, wird niemals kommen.
Es gilt zu erkennen, daß nur du, durch deine
Identifizierungen und Verstrickungen, die Vollkommenheit
in diesem und in jedem anderen Moment nicht erkennst.
Du bist vollkommen und alles, was ist, ist vollkommen.
Laß die Lasten der Anstrengungen gehen, die Last,
dich irgendwohin entwickeln zu müssen.
Du bist bereits angekommen.
Du bist bereits unendliches göttliches Sein.
Laß den Druck des Gewinnen und Verlierens
und die Angst zu versagen, gehen,
indem du all das annimmst
und dich nicht damit identifizierst.

Es ist auch nichts Schlechtes an dem Wunsch nach Perfektion, wenn du ihn als ein Konstrukt unter vielen anderen Konstrukten, unter vielen anderen Illusionen, sein läßt, ohne dich zu verstricken und ohne dich zu identifizieren.

Verabschiede dich von dem Glauben, daß du erst erleuchtet werden, erst erwachen kannst, wenn du perfekt bist, wenn du noch weiter entwickelt bist.
Es gibt kein Privileg dafür, erleuchtet sein zu dürfen.
Ihr seid es alle bereits.
Eure wahre Essenz macht keinen Unterschied zwischen jedem einzelnen von euch.
In Wahrheit verschmilzt jedes einzelne Sein in der Unendlichkeit, zu unendlichem göttlichen Sein.

Glaube nicht, Erleuchtetsein bedeutet, dich aus den menschlichen Dingen zu erheben und dich über sie zu stellen. Es ist einfach nur Flucht. Es ist Angst. Es ist die Angst zu erkennen, daß das Göttliche bereits in allem, was ist, ist, daß du bereits göttlich, unsterblich und vollkommen bist.

Es lebe unendliches göttliches Sein, die Erkenntnis, daß du bereits vollkommen, unendlich und geliebt bist, daß du bereits ''perfekt'', ''erleuchtet'', vollendet und göttlich bist, göttliches Sein in allem, was ist.

Göttliche Liebe auf Erden in dir und in allem, was ist.

''ES'' löst sich jetzt in der Unendlichkeit auf.

Frei sein in Beziehungen

Auf dem Weg zur "Erleuchtung", auf dem Weg vollständigen Erwachens, auf dem Weg des vollständigen Gewahrseins der Unendlichkeit ist ein ganz wichtiger Schritt, ein ganz wichtiger Punkt, eure Beziehungen - die Beziehung zu dir und zu anderen Menschen. Und hier ist es wichtig zu verstehen, daß ein anderer Mensch dich niemals in Wahrheit hindern kann, daß niemals ein anderer Mensch dafür verantwortlich ist, wenn du in dem Schleier der Dualität gefangen bist und wenn du den Ruf der Unendlichkeit, den Wunsch nach Einssein, nicht mehr hörst. Es ist niemals so, daß dein Kind, dein Partner, deine Freunde oder deine Eltern, auch deine Probleme mit ihnen, dich in Wirklichkeit hindern können, die Unendlichkeit, göttliches Sein, zu erkennen, und zu erkennen, daß du selbst die Unendlichkeit und göttliches Sein bist.

Die Beziehungen zu anderen Menschen und die Verwicklung mit ihnen ist deine Entscheidung. Es ist nicht die Schuld oder die Verantwortung von irgend jemand anderem, wenn du den Ruf der Unendlichkeit nicht mehr hörst, oder wenn du dem Ruf der Unendlichkeit nicht folgst. Nichts und niemand kann dich von irgendetwas abhalten, wenn du es wirklich willst. Nichts und niemand kann dich hindern, wenn deine Zeit gekommen ist, zu erkennen, daß du als du selbst gar nicht existierst, daß du göttliches Sein, die Unendlichkeit und vollkommen bist. Kein anderer Mensch kann dich in Wahrheit hindern, auch nicht dein irdisches Leben und deine Lebensumstände. Es gibt keine Entschuldigung, so wie es keine Schuld gibt, wenn du dich im Schleier des Vergessens verlierst und dich in Beziehungen und in der Dualität verstrickst. Auch das spielt letztendlich keine Rolle, denn du bist bereits vollkommen, du bist bereits unendlich und du bist bereits das, was du suchst. Also gibt es in Wahrheit nichts zu tun. In Wahrheit ist alles so vollkommen, so wie es ist, jetzt und in jedem anderen Moment. Und in Wahrheit bist du vollkommen, sind deine Beziehungen vollkommen, so wie sie sind, in diesem Moment. All das ist Ausdruck göttlichen Bewußtseins. Und so gibt es nichts und niemanden, mit dem du hadern kannst, weder mit dir, mit anderen Menschen, noch mit dem Leben selbst. Begreife, nichts kann dich hindern zu erkennen, wer du in Wahrheit bist. Keine andere Person, keine Lebensumstände, nichts. Das, was dich hindern kann, ist deine Verstrickung, dein Glauben daran, daß dich deine Lebenssituation, deine Umstände, deine Kinder, dein Partner, deine Freunde, deine Eltern hindern können. Und das entspricht nicht der Wahrheit.

In Wahrheit bist du frei. In Wahrheit bist du alles, was ist. In Wahrheit bist du göttliches Sein, das sich durch dich, durch deinen Partner, durch dein Kind, durch deine Lebensumstände, durch die Natur, durch alles, was ist, ausdrückt. Alles, was du glaubst, was dich abhält, zu göttlichem Sein zurückzukehren und dich für immer zu erinnern, ist auch ein Ausdruck, eine Projektion göttlichen Seins. Du bist also ununterbrochen in allem, was ist, mit dem, was du in Wahrheit bist, mit göttlichem Sein, in Verbindung, in Beziehung. Du bist nicht du. Du bist nicht der, der du glaubst zu sein. Du bist auch die Menschen, mit denen du in Beziehung bist. Du bist auch das Tier, die Pflanze, die Erde, alles, was ist, denn du bist wie alles andere auch die Quelle, die sich in eurem Spiel auf Erden in vielen Facetten, in bunter Vielfalt ausdrückt.

Und so ist es nun einmal mehr wichtig zu schauen, wo du verstrickt bist. In welchen Beziehungen bist du gefangen? Wo identifizierst du dich mit deinem Kind, mit deinem Partner, mit dir selbst in Verbindung zu jemandem?

Durch welche Verstrickung in einer Beziehung, in etwas, das du Liebe nennst, zu Eltern, zu Kindern, zum Partner, bist du identifiziert und verwickelt und vergißt und verleugnest, wer du in Wahrheit bist? Schau dir deine Beziehungen an, schau dir das, was du vielleicht Liebe nennst, einmal genau an. Die meisten euerer Liebesbeziehungen sind unglaublich verstrickt, sind alles andere als frei, und hier meint "ES" nicht nur Beziehungen, in denen die Verstrickung offensichtlich ist, in Form von Kampf und Auseinandersetzungen und in Form von Schwierigkeiten. "ES" meint auch Beziehungen der Symbiose, der Nähe, Beziehungen, in denen der Partner als etwas ganz Besonderes, als besser als alle anderen Menschen angesehen wird. "ES" meint auch Beziehungen, in denen du dich durch den Glauben der absoluten Besonderheit einer Beziehung von der Unendlichkeit, von der Existenz göttlichen Seins in allem, was ist, abtrennst. Denn so gibst du dieser Beziehung, dieser Liebe, die Identifizierung, besser zu sein als alles andere, was ist, und daß du ohne diesen Menschen niemals so glücklich sein könntest. Und das ist ein Irrtum. Du und alles, was ist, ist bereits Glückseligkeit und die Unendlichkeit selbst. Wenn du vollkommen, wenn du göttlich und unendlich bist, wie kannst du von irgendetwas abhängig sein, um in Frieden, in Liebe und in Unendlichkeit zu sein?

Göttliches Sein, die Unendlichkeit, alles und nichts enthalten eben alles und nichts. Was gibt es dann zu suchen? Was kann dir in diesem Bewußtsein fehlen und nur durch eine andere Person geschenkt werden? Eine andere Person kann dir in Wahrheit nichts geben, was dir fehlt. Denn in Wahrheit bist du alles und vollkommen. Und gerade Liebe in Beziehungen kann eine große Verstrickung sein. Du bist verstrickt, weil du glaubst, nur mit und durch diese Person glücklich zu sein. Damit machst du dich abhängig und verschleierst, was wahr ist, daß du nämlich selbst unendlich und vollkommen und unendliche Liebe bist, daß du in Wahrheit alles bist, was ist, - egal, wie deine Beziehungen aussehen mögen.

Schau einmal, wo bist du verstrickt, vielleicht durch den Schmerz, mit dem du dich in der Beziehung zu einem Menschen immer wieder identifizierst, oder auch durch das Gefühl von Glück und Sicherheit, das du glaubst, nur durch eine anderen Person zu bekommen? Wo bist du vielleicht verstrickt durch das Gefühl, verantwortlich zu sein für das Glück eines anderen Menschen? Betrachte deine Verstrickungen und deine Identifizierungen in deinen Beziehungen. Beleuchte das, was du glaubst, für Liebe zu halten und was in Wahrheit nur eine weitere Verstrickung, eine weitere Identifizierung, ist.

Das heißt nicht, daß du aus dem Bewußtsein der Unendlichkeit, aus vollständigem Erwachen, aus unendlicher göttlicher Liebe und ihrem Gewahrsein heraus nicht in Beziehung zu Menschen treten kannst. Das heißt auch nicht, daß "erleuchtete" Menschen nicht mit einem Partner, nicht mit Kindern leben können. Es heißt nur, daß sie nicht der Illusion unterliegen, nur in unendlichem Sein, in göttlicher Liebe zu existieren und Glückseligkeit zu sein, wenn sie mit einer bestimmten Person leben oder nicht. "Erleuchtet" in Beziehung zu leben bedeutet, frei zu sein, frei und trotzdem in diesem Körper als dieser Mensch, durch den sich göttliches Sein ausdrückt, sich mit bestimmten Personen wohl zu fühlen, mit bestimmten Person "sein" praktisches Leben zu teilen, und trotzdem bedeutet das, in den Gefühlen zu diesen Menschen nicht verwickelt, nicht abhängig zu sein. "Erleuchtet" in Beziehungen zu leben heißt, sich in jedem Moment göttlichen Seins und der Unendlichkeit gewahr zu sein und zu erkennen, daß dein Partner auch du und du auch dein Partner bist und sich alles, was existiert, in der Unendlichkeit auflöst und nichts besser oder schlechter ist als irgendetwas anderes. Es heißt, dir bewußt zu sein, daß du unendlich und vollkommen und göttliches Sein bist, was von nichts und niemandem abhängig ist. Es heißt, dir immer bewußt zu sein, was du in Wahrheit bist und wie ein Zeuge dein Leben in diesem Körper als Mensch in Bezug zu anderen Menschen zu betrachten.

"Erleuchtet" in Beziehung zu leben bedeutet nicht, beziehungslos zu sein bedeutet nicht, sich aus allen Kontakten zu erheben. Es bedeutet nicht, über den Kontakten zu stehen. Es bedeutet nur göttlichen Seins, göttlicher Liebe, der Unendlichkeit, gewahr zu sein, gewahr zu sein, daß du weder von dem Gefühl von Glück, von Traurigkeit, von Schmerz, von dem Leben mit einer anderer Person abhängig bist. In dem Gewahrsein der Unendlichkeit, unendlichen göttlichen Seins, in "Erleuchtung", wie ihr es nennt, müssen sich nicht alle Beziehungen verändern. Es heißt nicht, daß "erleuchtete" Menschen nur noch andere "erleuchtete" Menschen suchen. Sie können "ihr" Leben in ihren Beziehung ganz "normal" weiterführen, wenn es für sie so stimmt und wenn es der göttliche Ausdruck ist.

*"Erleuchtete" und völlig erwachte Menschen sind sich
gewahr, daß alle Menschen, auch die, die bewußt*

noch nicht erwacht sind, in Wahrheit auch bereits
"erleuchtet", unendliches göttliches Sein, unendliche
göttliche Liebe und nicht getrennt von ihnen sind.
Es existiert in göttlichem Einssein keiner, der bereits
erleuchtet ist, und keiner, der erleuchtet werden müßte.
Sie sind sich gewahr, daß viele Menschen sich ihrer
Göttlichkeit noch nicht so bewußt sind, aber daß sie in
Wahrheit auch immer unendliches Bewußtsein,
göttliches Sein und nichts anderes als sie selbst sind.

Du brauchst keine Angst zu haben, daß, wenn du vollständig erwachst oder dein Partner oder ein anderer Mensch um dich herum erwacht, das heißen muß, daß keine Beziehung, kein Kontakt mehr stattfindet, daß diese Menschen für dich unerreichbar, oder "du selbst" unerreichbar für andere wirst. Das ist nicht der Fall. Erwachte Menschen sind mehr denn je präsent. Du nimmst dann das wahr, was in Wahrheit ist. Du erhebst dich nicht über die Erde und schwebst über andere Menschen hinweg. Göttliches Sein, göttliche Liebe, Unendlichkeit, existiert in allem, was ist, in dir, in deinen Kindern, in deinem Partner und in deinen Feinden, in allem, was ist.

In dem Bewußtsein, in dem Gewahrsein der Unendlichkeit, unendlichen göttlichen Seins, in dem Sein, das ihr Erleuchtung nennt, hört nur die Verstrickung in Beziehungen auf, der Glaube, von irgendetwas abhängig zu sein, um vollkommen und glücklich zu sein. Und dennoch können Berührungen und Umarmungen stattfinden, kann ein sexueller Ausdruck stattfinden, kann Freundschaft und Liebe, Nähe und Distanz, Ja und Nein, können all die Formen menschlichen Ausdrucks sein - doch ohne ein persönliches Verstricktsein, eine persönliche Identifizierung.

Ihr seid frei, in unendlicher göttlicher Liebe, frei ohne zu beeinflussen, ob dieses oder jenes richtig oder falsch, besser oder schlechter, so oder so sein müßte. Es gibt keine Vorstellungen mehr, wie sich göttliches Sein, göttliche Liebe, auszudrücken vermag oder nicht. Es gibt kein Konzept, keine Bewertung mehr, wie Liebe, göttliches Sein, auszusehen hat und wie nicht. Alles, was ist, ist göttliches Sein, unendliche göttliche Liebe, und so kann ein ”Nein” ein Ausdruck göttlicher Liebe, göttlichen Seins sein, und so kann körperliche Nähe ein Ausdruck göttlichen Seins, unendlicher göttlicher Liebe sein, so kann Trennung ein Ausdruck göttlicher unendlicher Liebe und ein Ausdruck der Unendlichkeit sein. Es gibt dann nichts und niemanden mehr, der das, wie sich göttliches Sein und göttliche Liebe auszudrücken vermag, bewertet.

Die Konzepte, die Konstrukte, lösen sich auf und ”du” bist und lebst das, wie sich göttliches Sein durch ”dich” ungefiltert ausdrücken mag. Und so lebst du in Erleuchtung und in unendlichem göttlichen Sein, in dem Gewahrsein der Unendlichkeit, in dem Gewahrsein unendlichen göttlichen Seins, deine Kontakte und deine Beziehungen, vielleicht ähnlich wie sie vor deinem vollständigem Erwachen waren, nur bist du frei.

Göttliches Sein drückt sich durch dich ungefiltert aus, ohne daß du es bewertest, einfach so, wie es ist, ohne jemand anderen zufriedenstellen zu wollen, ohne irgendetwas bezwecken zu wollen, ohne jegliche Absicht. Es drückt sich aus, wie göttliches Sein sich durch ”dich” ausdrücken mag. Viele Menschen haben Angst, wenn sie an Erleuchtung, an vollständiges göttliches Gewahrsein denken und wenn sie die Sehnsucht nach dem Einssein fühlen. Sie haben Angst, wenn sie den Ruf der Unendlichkeit, göttlichen Seins hören, daß sich ihre Beziehungen verändern, daß sie selbst nicht mehr greifbar sind, daß sie alle Beziehungen zurücklassen müssen. Gleichzeitig haben viele auch die Angst, daß ab dem Moment, in dem ein Mensch, ein Partner, mit dem sie in Beziehung, in Kontakt sind, vollständig erwacht, sie nicht mehr für diese Person wichtig sind. Auf einer Ebene ist es wahr. "Du" bist nicht mehr wichtig für diese Person, denn diese Person ist nicht mehr länger eine identifizierte Person und sieht dich auch nicht mehr länger als identifiziertes "Du". Sie sieht die Unendlichkeit, göttliches Sein, in allem, was ist, und ist sich gewahr, daß keine Trennung existiert und göttliches Sein in dir und in allem, was ist, ist. Und trotzdem mag sich dieses Wesen in unendlichem göttlichen Gewahrsein frei mit dir in Beziehung setzen, mit "dir" in Kontakt treten, dich berühren, mit dir Skifahren, mit dir lachen, mit dir zusammenarbeiten, mit dir, der du kein getrenntes "Du" bist.

In dem Gewahrsein der Unendlichkeit, in dem Gewahrsein göttlichen Seins, ist alles, was ist, Liebe, nicht nur Liebesbeziehungen. Und trotzdem gibt es in dem Sein, in der Bewußtheit göttlichen Seins und in der Bewußtheit der Unendlichkeit, in der Bewußtheit unendlicher Liebe, Vorlieben, die dieser Körper, dieser Mensch hat, durch den sich göttliches Sein ausdrückt. So mag es sein, daß dieser menschliche Körper sich besonders angezogen von bestimmten Menschen und bestimmten Formen menschlichen Ausdrucks fühlt. In vollständigem Erwachen, Erleuchtung, göttlichem Gewahrsein, heißt es nicht, daß alle "Eigenarten" dieses Menschens, mit dem du dich identifiziert hattest, aufhören. Es mag sein, daß du weiterhin gern Schokolade ißt, daß du weiterhin gern deine Zeit mit diesem oder jenem Menschen verbringst. Es mag sein, daß weiterhin göttliches Sein sich in besonderem Maße durch deinen Mut ausdrückt. Es mag sein, daß sich göttliches Sein, die Unendlichkeit, in einem erwachten Menschen in der Art und Weise ausdrückt, daß dieses Wesen besonders geduldig, besonders witzig ist und gern mal ein Bier trinkt, Fußball spielt oder strickt. Das, was "du" an einzigartigem Ausdruck hast, muß sich durch vollständiges göttliches Gewahrsein nicht auflösen. "ES", göttliches Sein, "du", bist nur damit nicht mehr identifiziert und erkennst, daß du nicht du bist, sondern ein göttlicher Ausdruck, der sich durch die spezielle Form deines menschlichen Lebens zeigt. Erleuchtung, vollständiges göttliches Gewahrsein, heißt auf der irdischen Ebene nicht, daß der menschliche Ausdruck, mit dem du dich vorher identifiziert hast, plötzlich ganz anders ist. Göttliches Sein, unendliches Sein, drückt sich durch dich auf eine spezielle Art und Weise aus, obwohl du in Wahrheit auch nichts anderes bist als alles andere. In unendlichem göttlichen Sein gibt es keine Unterschiede und keine verschiedenen Ausdrucksweisen, durch die sich das Göttliche ausdrückt. Das ist nur die Ebene der Projektion. In unendlichem göttlichen Sein löst sich alles im Nichts auf.

Das Leben in einem menschlichen Körper, im Gewahrsein der Unendlichkeit und unendlicher göttlicher Liebe heißt also nicht, daß sich der Ausdruck göttlichen Seins durch deinen menschlichen Körper von jeglicher menschlicher Beziehung distanzieren und erheben muß. Es mag sich göttliches Sein, Unendlichkeit, in einem menschlichen Körper so ausdrücken, daß dieser menschliche Körper als Eremit lebt, ohne Beziehungen, ohne Kontakt zu anderen Menschen.

Es ist so wichtig, daß ihr euch davon frei macht, wie das Leben eines "Erwachten", das Leben eines "Erleuchteten", auszusehen hat. Es ist nicht so, daß sich göttliches Gewahrsein nur in einer Form ausdrücken kann. Es ist so individuell und vielfältig, wie es Menschen gibt. Es gibt nichts, woran du vollständiges Erwachen, Erleuchtung, festmachen kannst. Alles ist möglich. Es gibt so unendliche viele Formen, durch die sich göttliches Sein auszudrücken vermag. Und so kann sich göttliches Sein durch einen Schreiner ausdrücken, der mit seiner Frau und seinen Kindern lebt, am Abend zum Fußball geht und gern schnelle Autos fährt. Und so kann sich göttliches Sein durch einen menschlichen Körper so ausdrücken, daß sich dieser in eine Höhle begibt, um dort für immer in göttlichem Gewahrsein zu sein. Es gibt nicht diese oder jene Form, diese oder jene Art von Beziehung, die nur erwachten Menschen vorbehalten ist. Göttliches Sein existiert in allem, was ist. Du bist göttliches Sein, und so bist du auch alles, was ist.

Liebe, göttliche Liebe, die sich durch einen menschlichen Körper ausdrückt, unterscheidet nicht. Sie kann nicht einen Menschen lieben und einen anderen Menschen nicht. In dem Gewahrsein der Unendlichkeit und in dem Gewahrsein göttlicher Liebe, im Ausdruck durch einen "erleuchteten" Menschen, gibt es keine Unterscheidung in Menschen, Dinge, Gefühle, Gedanken, Taten, die es zu lieben gilt und die von göttlicher Liebe erfüllt sind oder nicht. Ein Mensch, der in vollständigem göttlichen Gewahrsein lebt, erkennt das Göttliche in allem, was ist, nimmt göttliche Liebe, göttliches Sein, in allem, was ist, wahr und ist gewahr, daß "er selbst", göttliches Sein in allen Menschen ist.

So gibt es aus dem vollständigen Gewahrsein der Unendlichkeit, göttlichen Seins, keinen Unterschied, einen "Mörder" oder einen "Heiligen" zu lieben. Aus dem Gewahrsein der Unendlichkeit, aus dem Gewahrsein göttlichen Seins, siehst du die Göttlichkeit, unendliche göttliche Liebe, die wahre Essenz dieses göttlichen Ausdrucks in einem menschlichen Körper, der gemordet hat. Aus dem Bewußtsein der Unendlichkeit, unendlichen göttlichen Gewahrseins, existieren keine Unterschiede. Es existiert nur unendliche göttliche Liebe, unendliches göttliches Sein. Es existiert die Verbindung aller menschlichen Ausdrucksformen in unendlichem göttlichem Sein. Ein vollständig "erwachter", "erleuchteter" Mensch erkennt göttliche Liebe, unendliches göttliches Sein, in allem, was ist. Und so ist auf einer Ebene der Bezug eines "erleuchteten" Menschen zu allen Formen menschlichen Seins gleich, denn alles ist unendliche göttliche Liebe. Und gleichzeitig auf der Ebene des menschlichen Körpers, dem Ausdruck göttlichen Seins, mag es individuelle Vorlieben in Beziehungen geben.

Und nun noch einmal: Es ist wichtig, daß du dir anschaust, wo du in Beziehungen abhängig bist. Wo glaubst du nur, glücklich und vollkommen durch eine andere Person zu sein und durch deine Beziehung zu ihr? Und mache vor keiner Beziehung, vor keinem Kontakt halt. Auch in wunderschönen Beziehungen kannst du verwickelt und verstrickt sein, ebenso wie in Beziehungen, die schwierig und problembehaftet sind. Laß die Bewertungen beiseite und schau: Wo identifizierst du dich und wo bist von einem bestimmten Gefühl abhängig? Wo bist du verwickelt und glaubst, nur durch etwas Bestimmtes glücklich und vollkommen sein zu können? Öffne dich für deine Beziehungen. Öffne dich für das, was ist, ohne Wertung und ohne Verstrickungen. Sei dir gewahr, daß du immer unendlich und unsterblich, alles und nichts, bist und bereits vollkommen. Laß das in Beziehungen sein und leben, was ist, und nicht das, was du glaubst, was gut oder böse, richtig oder falsch ist.

Werfe die Konzepte über Bord und öffne dich der Vielfältigkeit göttlichen Ausdrucks durch einen menschlichen Körper, durch menschliche Beziehungen. Beende die Vergangenheit, die Geschichte deiner Beziehungen. Öffne dich für das, was ist, in diesem Moment, mit dieser Person. Öffne dich für das, wie sich göttliches Sein durch dich in einem menschlichen Körper im Bezug zu einer anderen Person ausdrücken mag, ohne Konstrukte, ohne Bewertung. Und wenn du wertest, nimm dies als menschlichen Ausdruck an, aber identifiziere dich nicht mit dieser Wertung. Glaube diesen Wertungen nicht, daß sie die letztendliche Wahrheit sind. Glaube nicht, wenn du dich besonders wohl fühlst mit einer Person, daß sie in Wahrheit besser ist als du oder andere. In Wahrheit seid ihr alle gleich. In Wahrheit seid ihr unendliches göttliches Sein. Sei dir dessen bewußt.

Und dennoch kannst "du" Vorlieben haben und "dich" für dieses oder jenes "entscheiden". Es ist nicht einmal deine Entscheidung. Es ist das, wie sich göttliches Sein durch dich ausdrückt. Und nun schau dir die Menschen mit denen du in deinem Leben in Beziehung stehst an, wie unterschiedlich ihre Ausdrucksweisen sind, wie unterschiedlich deine Gefühle ihnen gegenüber sind, wie du vielleicht eine Person magst und die andere nicht. Und wenn du all diese Vorlieben, Abneigungen und Bewertungen wahrnimmst, dann geh tiefer, geh in jedem Kontakt tiefer und fühle und sei dir gewahr, was hinter all deinen Bewertungen, hinter all den Abneigungen und Vorlieben steht, daß die Essenz eines jeden Menschen, zu dem du in Beziehung trittst, dieselbe ist, dieselbe, die auch du bist, unendliches göttliches Sein, unendliche göttliche Liebe, alles und nichts, das sich im Nichts auflöst. Unendliches göttliches Sein - das ist alles, was in Wahrheit ist.

Und die göttliche "Masse", dieses Ur - sein, das Eins-sein, drückt sich in verschiedenen Aspekten von Menschen aus. Und so kann es sein, daß manche Ausdrucksweisen göttlichen Seins besser zu deiner menschlichen Ausdrucksweise passen als andere. Und trotzdem sei dir bewußt, auch der göttliche Ausdruck durch deinen menschlichen Körper ist nur eine Fiktion, ist nur eine Illusion, ein Konstrukt. Doch das, was hinter all dem liegt, ist alles und nichts, dieselbe wahre Essenz. Und noch einmal: Es ist nichts gegen Vorlieben und besondere Anziehungen auf menschlicher Ebene einzuwenden. Du mußt nicht zwanghaft mit jedem Menschen dieselbe Zeit und dieselben Gefühle teilen. Das ist es nicht. Es gilt, das anzunehmen, wie sich die Vielfalt göttlichen Seins ausdrückt. Alles ist so, wie es ist, vollkommen. Doch erkenne und sei dir dessen gewahr, was du in Wahrheit bist und was all die verschiedenen menschlichen Ausdrucksformen sind. Du bist frei, frei zu erkennen, daß es keine Rolle spielt, ob du diese oder jene Ausdrucksform wählst. Dein menschliches Leben ist eins der vielfältigen Facetten, durch das sich göttliches Sein auszudrücken vermag. Und es macht keinen Unterschied, ob es sich so oder so ausdrückt. Die Essenz, das wahre Sein, ist und bleibt Unendlichkeit, göttliches Sein. Wenn du in Wahrheit sowieso alles, göttliches Sein und Unendlichkeit, bist, kannst "du" jede Ausdrucksweise "wählen". Es spielt keine Rolle. Die Bewertung löst sich auf. Denn alles ist göttliches Sein.

Wie bist du in deinen Beziehungen, in deinen Kontakten durch deine Vorstellungen, durch deine Bewertungen verstrickt, im Positiven wie im Negativen? Es spielt keine Rolle. Identifizierung ist Identifizierung, und es bedeutet das Nichtgewahrsein deines wahren Seins. Die Identifizierungen mit den positiven Dingen, Gedanken, Gefühlen, positiven Aspekten in Beziehungen zu erkennen und gehen zu lassen, ist oft gar nicht so leicht, denn sie versprechen dir Glück, Zufriedenheit, Glückseligkeit. Doch das ist nicht wahr. Unendlichkeit, Glückseligkeit, liegt hinter, jenseits all der positiven und negativen Erfahrungen,l mit denen du dich identifizierst. Glückseligkeit liegt in dem, was ewig ist, liegt dahinter, liegt jenseits der Worte, jenseits der Form, liegt in dem, was jenseits von Trennung existiert, unendliches göttliches Sein, alles und nichts, das sich in der Unendlichkeit, im Nichts, auflöst.

Erkenne, wo du dich mit positiven Erfahrungen in Beziehung identifizierst und verstrickst, ebenso wie mit schwierigen und problematischen. Erkenne, daß all diese Kontakte und Beziehungen und die Identifizierungen mit ihnen auch nur ein Spiel sind, ausnahmslos. Und daß das, was du in Wahrheit bist, unabhängig von all dem ist. Erkenne, daß du, der du dich mit deinem Körper identifiziert hast und all die anderen "Dus", die du auch mit ihrem Körper und ihren Namen identifiziert hast, in Wahrheit nicht getrennt voneinander sind, in Wahrheit alle vollkommen, alle unendlich, unsterblich und ewiglich, sind und sich im Nichts der Unendlichkeit auflösen.

Trau dich, frei zu sein, frei von dem Glauben, von irgendetwas, von einer Beziehung, von der Liebe eines

Menschen abhängig zu sein, um glücklich, um wahrhaftig und in vollständigem göttlichen Gewahrsein zu sein. Befreie dich! Göttliche Liebe, Unendlichkeit, ist immer existent. Es ist das, was du und alles, was ist, ist. Das ist das, wonach du suchst. Es ist auch das, wonach du in einem anderen Menschen suchst und das du dir durch einen anderen Menschen zu erlangen erhoffst. Es ist nicht möglich, durch einen anderen Menschen in göttlichem Gewahrsein für immer zu sein, denn es beinhaltet den Glauben, daß du unvollständig und nur durch eine andere Person, die eine Ergänzung zu dir bildet, vollständig bist. Und das entspricht nicht der Wahrheit. Du und alles, was ist, ist vollendet, ist unendlich und bereits vollkommen.

Suche das, was ewig, das, was vollkommen ist,
das, was du in Wahrheit bist,
hinter all den Ausdrucksformen, hinter all den Worten,
hinter all den menschlichen Körpern, hinter all dem, was
ist. Du wirst erkennen, daß in Wahrheit hinter all den
verschiedenen Ausdrucksformen dasselbe ist,
alles und nichts, unendliches göttliches Sein.
Das ist das, was du bist.
Das ist das, wonach du suchst,
und das wird dir kein anderer Mensch, nichts und niemand,
geben können, wenn du nicht erkennst, was du bist
und alles, was ist, in Wahrheit ist.
Wenn du erkennst und dir gewahr bist, daß du alles,
was du suchst in anderen Menschen,
durch andere Menschen, schon lange, immer und ewig,
bist, dann bist du unendlich frei.
Du bist angekommen, wo es keinen Raum gibt,
in diesem raumlosen Raum, in diesem Sein,

das du niemals verlassen hast, - dort, wo du jetzt und in
jedem anderen Moment bist und wo sich deine Existenz
für immer auflöst in göttlichem Sein, in Unendlichkeit.
Keine Beziehung gibt und wird dir für immer das geben
können, wonach du in Wahrheit suchst.
Keine Beziehung, mit der du dich identifizierst,
wird und kann dir für immer die Unendlichkeit und das
Einssein, in dem sich alles auflöst, schenken.
Wenn du dein wahres Sein erkennst, dann findest du die
Unendlichkeit, göttliches Sein, in jeder Beziehung,
in allem, was ist, wieder.

Jetzt gilt es, dich von den Verstrickungen der Identifizierungen, der Illusionen in Beziehungen zu befreien, indem du erkennst, was du in Wahrheit bist, unendliches
göttliches Sein, unendliche göttliche Liebe, Liebe in allem,
was ist, Liebe, unendliche göttliche Liebe, in Beziehungen,
in all den menschlichen Ausdrucksformen.

Unendlichkeit, unendliche göttliche Liebe, unendliches
Sein, Stille, Frieden,

"ES", das zu dir spricht, löst sich mit dir und allem, was
ist, jetzt in der Unendlichkeit auf. Keine Trennung, kein
Besser, kein Schlechter.

"ES", du und alles, was ist, lösen sich auf in der Unendlichkeit,- jetzt.

"ES" und du und alles, was ist, ist unendliches göttliches Sein, Einssein, alles und nichts. Unendlichkeit, unendliche Stille, unendliche Liebe.

- Stille -

Stille, unendlicher Frieden ist in dir und in allem, was ist, Stille, Frieden. Von diesem Sein in Stille, in unendlichem Frieden, möchte "ES" euch jetzt erzählen.

Es ist wichtig, in Stille und unendlichem Frieden zu sein. Ihr seid in eurem Leben sehr geschäftig, immer wieder beschäftigt mit einem Gedanken, mit der Vergangenheit, mit Vorstellungen, mit Erwartungen und mit Zielen. Es ist, als kämen eure Gedanken sehr selten einmal zur Ruhe. Es ist wie ein Rad, das sich ununterbrochen dreht und das dich in Bewegung hält, das dich in Bewegung und Verwirrung hält. Das ständige Beschäftigtsein mit Gedanken verhindert zu erkennen, was du in Wahrheit bist, verhindert, das zu sein und das wahrzunehmen, was in diesem Moment wirklich ist. Durch diese ununterbrochenen, nicht aufhörenden Gedanken, die um die Zukunft und die Vergangenheit, um Ziele und Erwartungen kreisen, läßt du dich hindern, vollkommen im Jetzt zu sein und das, was ist, anzunehmen und göttliches Sein in jedem Moment durch deinen Körper fließen und seinen Ausdruck finden zu lassen.

Du bist oft weit von dem entfernt, was in Wahrheit ist in diesem Moment, und lebst in Konstrukten und in ununterbrochener Bewegung. Das ist sehr anstrengend, weil du dich mehr und mehr von deinem wahren Sein entfernst. Und dennoch bist du immer, egal wie weit du dich durch deine Identifizierungen mit menschlichen Gedanken, mit menschlichem Sein von deiner Essenz entfernt hast, unendliche göttliche Liebe, Unendlichkeit, egal, wie weit du dich entfernst, egal, wie weit du dich bereits entfernt hast. (Und trotzdem ist es auf der Ebene der Heimkehr, des vollständigen Gewahrseins der Unendlichkeit, des göttlichen Seins, wichtig, in Stille und in Frieden zu sein.) Es ist wichtig, wenn deine Gedanken plappern und du in Vorstellungen und in Kontakten verstrickt bist, in die Stille zu gehen, in das, was sich niemals verändert, in das, was in Wahrheit weder still noch in Bewegung ist, in das, in dem alles und nichts und die Unendlichkeit ist, wahres göttliches Sein.

In dieses Sein trittst du ein, wenn du still bist, wenn du den Punkt der Stille und des tiefen inneren Friedens in dir findest. Du läßt die Gedanken Gedanken sein und die Gefühle Gefühle, - wenn du akzeptierst und annimmst, daß sie da sind in jedem Moment, - jetzt. Und aus diesem Raum unendlicher Stille, unendlichen Friedens, dessen sich "erleuchtete" Menschen, wie ihr sie nennt, immer gewahr sind, kannst du handeln, konkret handeln, kannst du in Bewegung sein, weil sich göttliches Sein in dem Moment im Schuheputzen, in Traurigkeit, in einer Umarmung, im Sport ausdrücken mag. Die Stille und der innere Frieden, von dem ich spreche, ist ein Raum, ein Ort, wo dich die Unruhe, die Bewegung alter und neuer Gedanken nicht wirklich berühren kann. Es ist eine Art Zeugesein der Gedanken, die kommen und gehen. Du identifizierst dich nicht. Und aus diesem Raum inneren Friedens, unendlicher Stille, aus diesem Sein im Jetzt, in diesem Moment, erhältst du Impulse, wie das Göttliche sich durch dich ausdrücken mag.

Die Stille und der innere Frieden, von denen ich spreche, müssen sich nicht durch Bewegungslosigkeit, durch Nichtstun und durch einen Rückzug aus der Welt ausdrücken. Vielmehr handelst du und lebst du aus einem Raum unendlicher Stille, unendlichen Friedens, aus dem Raum der unendlichen Göttlichkeit, die du in Wahrheit bist. Es gibt keinen Zweifel, was du tun sollst. Du weißt, was es zu tun gilt und wie sich das Göttliche durch dich auszudrücken vermag. Und selbst wenn es Zweifel gibt, verläßt du diesen Raum inneren Friedens, diesen Raum unendlichen göttlichen Seins, nicht. Du identifizierst dich nicht mit den Zweifeln und Gedanken. Du nimmst sie wahr. Du kämpfst nicht gegen sie an noch verstärkst du sie. Du läßt die Zweifel das sein, was sie sind. Und in den verschiedenen Entwicklungsstufen auf dem Weg zu göttlichem Gewahrsein, auf dem Weg zur Erleuchtung und bereits in diesem Sein, kann es anfangs, um auf eurer Zeitlinie sprechen, möglich sein, daß Zweifel auftauchen, oder vieles andere, absolut Menschliche, von dem ihr vielleicht glaubt, daß ein "Erleuchteter" das nicht mehr haben dürfte. Das ist nicht der Fall. Und ihr werdet auch nicht "erleuchtet" und zu göttlichem Sein gelangen, indem ihr glaubt, euch von diesen Menschlichkeiten entfernen und euch über sie erheben zu müssen.

Es geht darum, daß du diesen Raum unendlicher Stille, unendlichen Friedens findest und erkennst, daß Unendlichkeit, göttliches Sein, das du auch in diesem Moment bist, dein wahres Sein, dein wahres Zuhause, sind und kein Zweifel, kein Hader, keine Wut, nichts dich aus diesem Sein, dieser unendlichen Stille, aus diesem unendlichen Frieden herausreißen kann.

Alles, was ist an Menschlichem darf sein. Du kannst es annehmen, so wie es ist. Und Erleuchtung bedeutet eben auch das Annehmen von all dem, was ist.

Annehmen von Zweifel, von Wut, von Haß, von allem, was ist. Und je mehr du all das, was ist, annehmen kannst, um so weniger werden Zweifel, Wut und Haß in dir sein.

Und selbst wenn du haderst, selbst wenn du zweifelst, was spielt es für das, was du in Wahrheit bist, für eine Rolle? Was spielt das noch für eine Rolle, wenn du vollkommen und göttlich bist und alles, was ist, unendliche göttliche Liebe ist?

Du kannst still sein. Du kannst die Hast, die Eile, die Anstrengung und den Druck gehen lassen. Du bist angekommen. Diese Stille, dieser unendliche Friede, sind immer da. Stille, unendlicher Friede und das Gewahrsein deiner eigenen Göttlichkeit in jedem Moment ist die Gnade, die dir zuteil wird, wenn du dich immer weniger identifizierst, wenn du immer weniger unterscheidest, welche menschlichen Ausdrucksweisen in Ordnung oder nicht in Ordnung sind. Die Gnade wird dir geschenkt, je mehr du all das annimmst, was auf eurer Erde, in eurer Welt der Illusion existiert, indem du das Göttliche in allem, was existiert, findest, ohne Wenn und ohne Aber, ohne Besser oder Schlechter. Finde die Stille in dir. Und wenn du merkst, daß du dich durch Geschehnisse, durch Gedanken, durch Verstrickungen fortspülen läßt und sich der Schleier des Vergessens der Unendlichkeit über dir ausbreitet, - dann sei still. Sei still und öffne dich für das, was hinter all dem, hinter all den Verstrickungen, hinter all dem, was du glaubst zu sein und nicht zu sein, hinter all den Bewertungen ist. Sei still und erkenne, daß du in allem, was ist, in allem, was existiert, enthalten bist, daß all das unendliches göttliches Sein ist. Unendliches göttliches Sein, das sich in der Vielfalt menschlicher Ausdrucksformen zeigt. Sei still und laß all die Bewegungen der Gedanken, der Verstrickungen, der Bewertungen kommen und gehen, in dem Gewahrsein, daß dies alles Konstrukte, alles Illusion und alles Ausdrucksweisen des Einen, Ausdrucksweisen unendli-

148

chen göttlichen Seins sind. Es gibt nichts, das du finden könntest, es gibt nichts, das existiert und dir vollkommenes Glück geben kann in der Unruhe deiner Gedanken, in der Unruhe deiner Identifizierungen. Sei in der Stille. Und bezeuge aus der Stille, sehe aus der Stille den Bewegungen zu.

Wenn du in dem Raum der Stille unendlichen Seins bist, werden die Bewegungen weniger, gezielter und klarer und die Bewegung bezieht sich auf diesen Moment, auf das Sein. Du kannst nicht gegen deine Gedanken, gegen die Unruhe, gegen das Verstricktsein kämpfen. Du kannst es nicht ausmerzen, auslöschen oder dich einfach daraus erheben, indem du dich darüberstellst. Gedanken und Gefühle gehören zum menschlichen Sein. Die Bewegung, das Handeln - auch das sind Ausdrucksformen des Göttlichen durch einen menschlichen Körper in dem Leben auf der Erde. Nimm das, was ist, in Stille und Frieden an, doch identifiziere dich nicht damit. Sage nicht, "dieser Gedanke, dieses Gefühl darf nicht sein und schon gar nicht mehr bei meinem Entwicklungsstand". Es ist wieder dieser Kampf um Perfektion, den ihr niemals gewinnen könnt. Dieses Spiel ist ein weiteres Spiel der Verstrickung.

In der Stille, in der Unendlichkeit, nimmst du all das, was ist, an. Du siehst, daß alles, was ist, vollkommen ist. Was muß sich dann ändern? Was sollte morgen anders sein als heute? Zu jedem Moment ist alles, was ist, "perfekt". Alles ist vollkommen, wirklich alles. Nicht das eine mehr und das andere weniger. Spring nicht auf das Pferd der Bewegung, der Bewertungen, daß das eine besser ist als das andere, daß nur ein Weg dich zum Ziel führt. Alles, was ist, ist vollkommen. Und wenn du dich identifizierst, dann identifizierst du dich. Aus dem Sein unendlicher Stille, unendlichen Friedens, unendlicher göttlicher Liebe ist auch das Identifizieren vollkommen. Es ist nur ein Teil des Spiels. Erkenne, du bist frei und vollkommen in jedem Moment, egal, was du tust, egal, was du bist.

Nicht morgen, nicht übermorgen, nicht erst, wenn du noch perfekter bist. Dann wirst du dir schon gar nicht deines göttlichen Seins gewahr sein. Jeder Moment und jeder Ausdruck göttlichen Seins ist zu jeder Zeit vollkommen. Auch euer Spiel. Auch eure Projektion göttlichen Seins ist vollkommen. Identifiziere dich nicht mit all dem, was sich ständig verändert, mit all dem, was du für real hältst, was dich in ununterbrochener Bewegung hält und das, was dich glauben macht, daß du nicht vollkommen bist und du dich anstrengen mußt. Die Bewegung aus dem Raum der Stille, aus unendlichem göttlichen Sein, ist eine andere Bewegung. Es ist die Bewegung aus göttlichem Gewahrsein. Es ist die Bewegung aus der Stille. Es ist die Bewegung, wie sich göttliches Sein ausdrücken mag, ungefiltert, völlig frei.

Stille, - in dir. Stille, - in allem, was ist,.
Stille, - die sich in der Unendlichkeit auflöst,
in das, was immer und ewig ist.
Stille, - in dir und in allem, was ist,.
Stille, - vor der du so oft Angst hast.
Stille, - vor der du so oft fliehst.
Bewegung, mit der du dich geschäftig hältst,
um dein wahres Sein nicht vernehmen zu müssen.
Ununterbrochene Bewegung, um nicht das zu sein,
das auszudrücken, was gerade ist.
Bewegung der Gedanken, unendliches Rattern,

mehr oder weniger stark, das dich in der Vergangenheit
oder in der Zukunft hält, das dich glauben macht,
daß die Illusion, das Konstrukt der Zeit, Wahrheit ist.
Unruhige Bewegungen, die dich in der Zeit gefangen
halten. Bewegung und Unruhe, die dich Glauben machen,
daß du ein eigenes "Ich" hast,
das in Zeit und Raum und in Trennung existiert.
Durch Stille betrittst du den Raum, der ewig ist.
In Stille bist du wirklich und wahrhaftig und offen für das,
was in deinem Leben ist in jedem Moment.

Stille muß nicht zwangsläufig bedeuten, dich von der Welt zurückzuziehen. Es beinhaltet, daß du aus dieser Stille im Jetzt, in "deinem" Leben, ankommst. Und du mehr denn je wachen, klaren Schrittes die Erde betrittst. Stille, unendliche Stille macht vielen von euch Angst. In dieser Stille löst sich das, was du glaubst zu sein, all das, womit du dich identifizierst, auf. Du bist im Sein, in der Unendlichkeit. Deine Angst, dich aufzulösen, ist unglaublich groß. Die Angst, sich in der Stille aufzulösen, ist in allen Menschen vorhanden. Das Ego hat Angst, sich aufzulösen. Und gleichzeitig ist euer aller tiefster Wunsch, euch in der Unendlichkeit, in Gott, in allem, was ist, aufzulösen und unendlichen göttlichen Seins gewahr zu sein.

Was ist die Angst vor der Auflösung in der Stille? Kennst du diese Angst? Ist sie dir bewußt oder fremd? Wie sieht es aus mit deiner Angst, wenn du dich nicht mehr an der äußeren Welt festhältst, an dem, mit dem du glaubst, dich identifizieren zu müssen? Wenn du erkennst, daß du alles bist ohne Ausnahme? Es ist eine unglaubliche große Angst, still zu sein und dich im Nichts aufzulösen. Es existiert einerseits eine unglaubliche Spannung durch die

Angst, dich aufzulösen und alles dafür zu tun, dich als getrenntes Individuum zu identifizieren, und andererseits durch den unstillbaren Wunsch, dich im Nichts aufzulösen und eins mit "Gott" zu sein.

Es stimmt, das, was du in Wahrheit bist, hat keine eigene Identifizierung, hat kein Ego, kein Unterscheidung, und insofern löst sich deine Identität in der Unendlichkeit auf. Das heißt aber nicht, daß es Sinn macht, gegen das Ego anzukämpfen. Wenn das Ego sein darf, ohne daß du dich komplett damit identifizierst, wenn das Ego und alles, was ist, sein darf, löst sich alles von allein im Nichts auf. Du kannst gegen nichts, was auf euerer Ebene der Konstrukte und der Illusion existiert, ankämpfen, es für immer ausmerzen. Du kannst die verschiedenen Ausdrucksweisen des "Egos" wahrnehmen, ihnen aber nicht deinen Glauben und deine Energie schenken. Du gehst nicht der Exklusivität einzelner Geschehnisse, einzelner Gefühle auf den Leim. Du bist dir gewahr, daß alles, was dir das Ego bietet, Konstrukte sind. Und daß das Ego nur das tut, was es tut, dich das glauben zu machen, was es dich glauben machen will. Nicht mehr und nicht weniger. Was ist falsch an einem Ego?

Es ist nur schwierig und es erzeugt Leid, wenn du dich mit ihm verstrickst und verwickelst. Was ist, wenn es ein Ego gibt und es einfach weiterexistiert, aber du ihm kein Gewicht gibst? - Es weder unterdrückst noch forcierst und wenn du dir gewahr bist, daß dies eine der menschlichen "Unterhaltungsformen" ist, durch die sich göttliches Sein ausdrückt und daß du unendliches göttliches Sein und die Unendlichkeit selbst bist. Nimm all das an, all das, was ist. Du brauchst den Raum innerer Stille dafür nicht zu verlassen, - Stille, unendlicher Frieden, der sich auch in der

Handlung, auch in Bewegung ausdrückt, - Handlung und Bewegung aus der Stille und aus dem Gewahrsein unendlichen göttlichen Seins, aus dem Gewahrsein der Unendlichkeit. Und hier ist es wichtig zu betonen, daß damit nicht gemeint ist, daß ihr in Stille stundenlang meditieren solltet. Das mag für den einen oder anderen einmal wichtig sein. Was hier aber gemeint ist, ist die Stille, die Meditation in allem, was du tust in deinem täglichen Leben. Es ist dazu nicht notwendig, auch äußerlich in die Stille oder Bewegungslosigkeit zu gehen. "ES" meint die Stille in deinem Handeln, die Stille in der Bewegung deiner Gefühle. Die Stille, aus der Kontakt heraus stattfindet. Es ist ein innerer Frieden, ein Sein, aus dem heraus Beziehungen, Kontakt, Arbeit, Tod, Schlaf, Gefühle, Liebe stattfinden kann, ohne Verstrickungen. - Jetzt,- nicht in der Vergangenheit, nicht in der Zukunft, ganz und rein in diesem Moment.

Meditationen der Stille können dir, müssen dir aber nicht Hilfe sein. Vielleicht ist es eine Möglichkeit für dich, dich immer wieder mit dem Raum unendlicher Stille zu verbinden und durch die Stille in wahrem Sein, in der Unendlichkeit, zu sein. Doch genauso kann es sein, daß sich in einer Meditation äußerer Stille sich deine Gedanken nicht beruhigen und du aktiver und verstrickter bist, als wenn du im Außen etwas tust und in Bewegung bist. Ganze Tage oder Stunden in Stille zu sein muß dich nicht zwangsläufig in die innere Stille, in der du auch in Bewegung sein kannst, führen. Meditation, das Leben in innerer Stille und in göttlichem Gewahrsein, ist in jedem Moment deines Lebens möglich. Es ist auch möglich, wenn dich eine andere Person anschreit, ist auch möglich, wenn Unruhe um dich herum ist, ist auch möglich, wenn du deiner Arbeit nachgehst. Stille, - Sein in unendlichem göttlichem Frieden, in

unendlicher göttlicher Liebe, ist in jedem Moment und ü-
berall möglich. Es ist nicht von irgendwelchen äußeren
Umständen abhängig.

Göttliches Sein ist in allem, was ist, und in jedem Moment. Dazu mußt du dich nicht stundenlang in dein "stilles
Kämmerlein" zurückziehen. Es mag eine Zeit gehen, wo dir
das hilft, wo es dich erleichtert, dich mit dem zu verbinden
und das zu erkennen, was du in Wahrheit bist. Doch das
Sein in unendlichem göttlichen Gewahrsein lebt nicht nur
in deiner Meditation, nicht nur in deinem "stillen Kämmerlein". Es ist überall und in jedem Moment. Und so mach dir
kein schlechtes Gewissen und keinen Druck und verfange
dich nicht in der Vorstellung, daß vollständiges Erwachen,
"Erleuchtung", wie ihr es bezeichnet, nur dann geschieht,
wenn du jahrelang in Stille meditierst. Es mag möglich
sein, wenn es dein Weg ist. Aber sieh das nicht als eine
Bedingung. Mache daraus kein Konstrukt. Mache dein Erwachen davon nicht abhängig. Es gibt nichts, was falsch o-
der richtig ist auf dem Weg vollständigen Erwachens. Es
gibt nicht einen Weg, den alle gehen müssen. Der Weg zu
vollständigem Erwachen, der Weg der Erkenntnis dessen,
was du in Wahrheit bist, ist so vielfältig, wie es menschliche Ausdrucksformen gibt. Und wenn "ES" von der Stille,
von dem Sein in Stille, erzählt, mache auch daraus kein
neues Konstrukt und schon gar nicht, daß dein Erwachen
von Meditationen in Stille, von Schweigen und Bewegungslosigkeit abhängig ist. Es ist eine Möglichkeit, aber besonders in euerer westlichen Welt, in eurer Gesellschaft, eine
weniger wahrscheinliche Möglichkeit. Stille und Frieden in
dir, in deinen Gedanken, die Gelassenheit für die Vielfalt
menschlicher Ausdrucksformen, der unendliche Raum
göttlichen Seins, die Unendlichkeit. Und aus der Unend-

lichkeit, aus der Stille, entsteht in der Projektion, in eurer Dualität, Bewegung.

Es spricht nichts dagegen, diese Bewegung, diesen menschlichen Ausdruck zuzulassen und dir in der Stille göttlichen Seins gewahr zu sein. Wo ist dieser Raum der unendlichen Stille in dir? Sei still, jetzt in diesem Moment. Begegne durch die Stille in dir und in allem, was ist, unendlichem göttlichen Sein.

Erkenne, wie aus der Stille sich all die menschlichen Erscheinungen ein wenig von dir distanzieren und du sie in Gelassenheit und in tiefem Frieden betrachen kannst, bis du dich ganz in die Stille fallen läßt, in unendlichen Frieden, in unendliches göttliches Sein, wo sich dann die vielfältigen menschlichen Erscheinungsformen im Nichts auflösen. Nimm dir die Zeit, um in unendliches Sein einzutreten, um alles, was ist, sich in der Unendlichkeit auflösen zu lassen, so daß du dich vollständig in der Unendlichkeit, in allem und nichts auflöst. Stille, -- Frieden, - unendliches göttliches Gewahrsein.

Und mehr und mehr wirst du erkennen können, daß du diesen Raum, der letztendlich raumlos und unendlich ist, niemals verlassen hast und auch nicht verlassen mußt, um dein tägliches Leben zu leben und daß du genausowenig dein tägliches Leben verlassen mußt, um in unendlichem göttlichen Gewahrsein zu leben. Nichts muß sich wirklich verändern, nur daß du erkennst, was du in Wahrheit bist, daß du erkennst, daß du all das, was du suchst, Unendlichkeit, Einssein, Gott, alles und nichts, bist. Du mußt dein tägliches Leben nicht verlassen, um in Stille und Frieden zu sein. Erkenne, was du in Wahrheit bist, und du bist frei. Die Stille, unendlichen Frieden, kannst du in allem leben, kannst du in allem sein. Das unendliche göttliche

Gewahrsein, das sich als sportlicher Rechtsanwalt, als arbeitende Mutter und Ehefrau ausdrücken mag. All das spielt überhaupt keine Rolle. Dieser Raum der Stille, des Friedens, der Unendlichkeit, hängt nicht von irgendeiner Geschichte, nicht von dem Erfüllen spezieller Voraussetzungen ab. Sie drückt sich auch nicht nur in einer Form aus. Es ist egal, wieviel Meditationen du gemacht oder nicht gemacht hast, ob du spirituell arbeitest oder nicht, ob du jemals ein Seminar besucht hast oder nicht. Es mag für dich wichtig gewesen sein oder es mag "dein" individueller Weg sein, dich göttlichen Gewahrseins Stück für Stück anzunähern. Doch es ist nicht die einzige Möglichkeit.

Und so, wie es vielfältige menschliche
Ausdrucksformen gibt, so gibt es verschiedene Wege,
um zur "Erleuchtung", zu göttlichem Gewahrsein,
zu gelangen.
So ist es wichtig, an all deinen Bildern und
Vorstellungen von Erleuchtung nicht festzuhalten,
sie gehen zu lassen und die Vielfalt und die
Unendlichkeit zu sehen und zu erkennen,
daß göttliches Sein sich in allem, was ist, ausdrückt
und alles so, wie es ist, vollkommen ist.
Und so vertraue deinem Weg, wie sich göttliches Sein auf
deinem Weg der Erkenntnis,
daß du bereits göttliches Sein bist, ausdrücken mag.
Laß dich nicht von Gedanken und Vorstellungen,
wie spirituelles Wachstum nur stattfinden kann,
irreführen und davon, welche Merkmale, welche
Eigenschaften du erfüllen mußt, um "erleuchtet" zu werden. Mache dich frei und höre auf deinen Weg und darauf,
wie sich göttliches Sein durch dich wiedererkennen mag.

Meditation, göttliches Gewahrsein ist überall möglich.
Folge dem, was dein Ruf ist, egal, was jemals in Worte,
jemals in Form, vermittelt wurde und wird,
auch durch dieses Buch.

Vergesse es wieder, um das zu hören, um so zu sein, wie sich göttliches Sein durch deinen Körper ausdrücken mag. Vergesse all dies, um dich der Stille zu öffnen, der Stille, die dich in die Unendlichkeit und zu göttlichem Sein führt, - um dich der Stille zu öffnen, jenseits aller Erscheinungen, jenseits aller Richtlinien, jenseits aller Worte, dem, was du in Wahrheit bist - unendliches göttliches Sein, unendliche göttliche Liebe. Und auch wenn du wieder in neuen Vorstellungen gefangen bist, wie Erleuchtung auszusehen hat, wie dein Weg der Erleuchtung aussehen muß,- werde still. Laß alle Konstrukte los und öffne dich dem, was hinter all den Konstrukten ist, dem, was du in Wahrheit bist, dem, wie sich göttliches Sein durch dich ausdrückt und dem du in Demut folgst.

Es ist eigentlich absurd über das, was reines Sein, unendliches göttliches Sein, alles und nichts, wo keine Worte, keine Form, wo nichts existiert, zu sprechen. All das, was in diesem Buch geschrieben ist, kann niemals das, was wahr ist, wirklich sein. Es ist eine Annäherung. Es ist eine Beschreibung dessen, was nicht beschreibbar ist. Und insofern ist dieses Buch und seine Aussagen ein weiteres Konstrukt, das dich, wenn du dich mit ihm identifizierst, wieder in die Falle der Verstrickungen führt. Vertraue auf das, was du in Wahrheit bist, jenseits aller Worte. Vertraue auf deinen Weg, der letztendlich nicht "dein" Weg, sondern nur eine Ausdrucksform göttlichen Seins ist, um dir für immer der Ewigkeit unendlichen göttlichen Seins bewußt und "erleuchtet" zu sein. Gehe deinen Weg, wie sich göttliches Sein durch dich ausdrücken mag. Und dazu ist es immer wieder notwendig, das Papperlapapp in deinen Gedanken, in deinen Gefühlen zu unterbrechen und still zu sein.

Stille, unendliche Stille, - unendlicher göttlicher Frieden.

"ES" läßt jetzt die Worte hinter sich, - ist in der Stille - und löst sich, wenn du magst, - mit dir - jetzt - in der Unendlichkeit, in unendlichem göttlichen Sein, auf.

Lehrer und Schüler

Hier spricht "ES", göttliche Liebe, Unendlichkeit, alles, was ist, zu dir, um dich auf dem Weg der Heimkehr zu vollständigem göttlichem Gewahrsein zu begleiten, um dich auf dem Weg des Gewahrseins deiner eigenen Göttlichkeit, der Unendlichkeit göttlichen Seins, zu begleiten, zu lehren, zu unterrichten, wie auch immer du es bezeichnen magst. Doch hier ist es wieder wichtig zu betonen, daß "ES", göttliches Sein, das durch dieses Buch zu dir spricht, nichts anderes als du selbst und alles, was ist, ist. So ist "ES", göttliches Sein, das zu dir spricht, letztendlich du selbst, das dich, der du dich als einzelne Person und getrennt wahrnimmst, unterrichtet. Doch letztendlich existierst weder du, noch existiert "ES", weder du als Schüler, noch "ES" als Lehrer. Wir sind ein und dasselbe, dieselbe Essenz, - göttliches Sein in allem, was ist.

Doch auf der Ebene der Dualität, auf der Ebene der Identifizierungen erscheint es dir, als würde es einen Lehrer und einen Schüler geben. Doch in Wahrheit gibt es weder dich als Schüler noch "ES" als Lehrer. Lehrer und Schüler lösen sich auf in unendlichem Sein. Lehrer und Schüler sind göttliches Sein. Und so ist es ungeheuer wichtig für dich zu erkennen, daß "ES", das zu dir spricht, und du, daß ihr eins seid, daß es in Wahrheit Lehrer und Schüler gar nicht gibt, daß unendliches göttliches Sein in allem, was ist, ist.

Du sprichst letztendlich zu dir selbst in diesem Buch, göttliches Sein, das du bist, spricht in diesem Buch zu dir. Du bist bereits das, was durch dieses Buch zu dir spricht, göttliches Sein, Unendlichkeit, alles und nichts. "ES", göttliches Sein, ist das, was du in Wahrheit bist. Es ist das, was dich niemand lehren kann. Es ist das, was du gar nicht erst entwickeln kannst. Es ist das, was du eben in Wahrheit schon bist. Wie kann dich jemand lehren, etwas zu sein, was du schon lange bist?

Auf eurer Ebene der Dualität, in der du dich als ein getrenntes Wesen wahrnimmst, existieren ein Lehrer und ein Schüler, und es erscheint dir so, als würde dir dieser Lehrer helfen, dich zu göttlichem Sein zu führen. Lehrer können dir auf dem Weg der Heimkehr zu göttlichem Sein, zu dem Erkennen, daß du bereits göttliches Sein, vollkommen und Unendlichkeit bist, sehr hilfreich und sehr unterstützend sein. Auf dieser menschlichen Ebene existieren Lehrer und Schüler, obwohl es letztendlich Lehrer und Schüler gar nicht gibt und die Vorstellung von Lehrer und Schüler eine Illusion ist. Sei dir gewahr, daß derjenige, der dein Lehrer ist, auch auf der irdischen Ebene nichts anderes ist als du selbst. Auf der Ebene der Dualität scheint dieser Lehrer in manchen Aspekten weiterentwickelt zu sein als du. Und es mag an manchen Stellen, in manchen Situationen, wichtig sein, dich einem Lehrer anzuvertrauen und vorübergehend zu glauben, daß dieser Lehrer weiter entwickelt ist als du und weiter fortgeschritten ist auf dem Weg der Erkenntnis göttlichen Seins in allem, was ist. Solange du noch nicht erkannt hast, was du in Wahrheit bist, können Lehrer Hilfe sein, dich Stück für Stück näher zu deinem wahren Sein zu begleiten.

Doch was ist die Aufgabe eines Lehrers? Die letztendliche Aufgabe eines Lehrers ist dir zu helfen, Stück für Stück zu erkennen, was du in Wahrheit bist. Es ist die Hilfe, daß du immer mehr erkennst, daß du göttliches Sein in dir trägst, daß du göttliches Sein selbst bist. Und natürlich kann dich ein Lehrer nur das lehren, was er selbst für sich erkannt, was er selbst für sich erfahren hat. Und so ist es sicher, daß viele Lehrer, die meisten Lehrer, dich nur den Stand ihrer Entwicklung lehren können. Doch sie können dir trotzdem auf deinem Weg eine Hilfe sein, dich in göttlichem Sein zu erkennen und zu erkennen, daß auch dies nur Konstrukte, nur Illusionen sind. Ein Lehrer, der nicht in dem Gewahrsein vollständigen göttlichen Seins ist, kann dir Aspekte von Freiheit, Aspekte göttlichen Seins vermitteln, gepaart mit seinen Verstrickungen, seinen Konstrukten und seinen Illusionen. Doch selbst ein Mensch, der in vollständigem göttlichen Gewahrsein lebt, der erleuchtet ist, kann dir durch seine Lehre, durch seine Worte, auch wieder nur Konstrukte vermitteln. Dieser Lehrer, in vollständigem göttlichen Gewahrsein, lehrt dich auch durch Worte nur das, was jenseits der Worte, das, was jenseits der Konstrukte liegt.

Du kannst jedoch jenseits der Worte göttliches Sein in ihm erkennen. Du kannst jenseits der Worte, "dich", "deine" Essenz, göttliches Sein in ihm finden. Göttliches Sein zu erkennen ist jedoch nicht von einem "erleuchteten Lehrer" abhängig. Göttliches Sein ist in allem, was ist. Du kannst es überall finden. Es ist wichtig, daß du begreifst, daß dein wahrer Lehrer göttliches Sein, Unendlichkeit und göttliche Liebe selbst ist, - Sein, unendliches Sein, das jenseits aller Worte, aller Konstrukte und aller Formen liegt und das dich einlädt, das zu sein, das zu erkennen, was du in Wahrheit bist, unendliches, göttliches Sein.

Und im Bereich der Lehren und im Bereich der Lehrer, ist es wichtig für dich zu erkennen, was du sicherlich schon immer wieder erkannt hast und was dir ein wahrhaft guter Lehrer vermittelt, daß du nämlich bereits vollkommen, göttliches Sein und die Unendlichkeit selbst bist, daß all die

Bilder, all die Vorstellungen, all die Konstrukte nur Illusionen sind, daß dein wahrer Lehrer göttliches Sein, die Unendlichkeit selbst ist, jenseits aller Worte, jenseits aller Verstrickungen, jenseits aller Identifizierungen. Es gibt niemanden, den es zu unterrichten gilt. So gibt es keinen, der lehrt, noch jemanden, der unterrichtet werden müßte. Göttliches Sein ist. Es ist einfach Sein, von dem sich nichts weg- und zu dem sich nichts hinbewegen kann. Göttliches Sein, Unendlichkeit, das, was du in Wahrheit bist, ist dein größter Lehrer, obwohl es in Wahrheit gar nicht dein Lehrer sein kann. Die Bedeutungen von Lehrern auf deinem Weg können so vielfältig sein. Und so mag es immer wieder Menschen auf deinem Weg gegeben haben, die dich lehrten und die dir direkt oder indirekt Hilfe waren, damit du dich weiterentwickeln konntest auf dem Weg der Erkenntnis göttlichen Seins, obwohl in Wahrheit keine Weiterentwicklung möglich ist. Doch auf der Ebene dualen Erlebens magst du dich Schritt für Schritt durch verschiedene Lehrer weiterentwickelt haben. Es mögen Lehrer gewesen sein, die sich auch Lehrer nennen. Es mögen Lehrer gewesen sein, die du niemals als solche bewußt erlebt hast. Sie mögen Lehrer deines Lebens gewesen sein, deine Eltern, deine Freunde, deine Lehrer in der Schule. All die Menschen, mit denen du in Berührung gekommen bist, die du vielleicht gar nicht bewußt in der Position deines Lehrers gesehen hast, die dich durch die Erfahrungen, die du mit ihnen gemacht hast, gelehrt haben. Oft mögen es die alltäglichen "negativen" oder " positiven" Erfahrungen gewesen sein, die dich mehr prägten und lehrten, als die Menschen, die du bewußt als Lehrer und als Hilfe wahrnahmst. "ES" möchte mit keinem Wort die Bedeutung von Lehrern, Menschen, die dich in der Schule des Lebens unterrichtet und gelehrt haben, schmälern. All das sind und waren wichtige Schritte auf deinem Weg, um mehr und mehr den Ruf der Unendlichkeit zu hören, dir gewahr zu werden, daß du das suchst, was du in Wahrheit bist, göttliches unendliches Sein. Damit du dir eines Tages für immer göttlichen unendlichen Seins, das, was du in Wahrheit bist, bewußt wirst.

Es gibt so viele Etappen auf deinem Weg dualen Erlebens. Viele deiner Lehrer mögen für dich wichtig gewesen sein. Du, der du dieses Buch liest, hast auf deinem Weg mehr und mehr erkannt, daß der wahre Lehrer göttliches Sein in dir selbst ist, in dir und in allem, was ist. Vielleicht begann es mit der Erfahrung, mit der Erkenntnis, daß du letztendlich die Antworten auf deine Fragen in dir finden kannst und daß es ein höheres Selbst, eine innere Stimme, gibt, der du vertrauen kannst und die ein wunderbarer Lehrer für dich ist. Und da hat es vielleicht einige Lehrer gegeben, die dich gelehrt haben, auf deine innere Stimme, auf dein höheres Selbst zu vertrauen, zu lernen, diese Stimme zu erkennen. Das ist sehr wertvoll auf "deinem "Weg. Diese Lehrer lehren und lehrten dich das, was ihnen möglich war, dich zu lehren.

Ein jeder Lehrer, dem du auf deinem Weg begegnet bist, egal, ob du ihn als gut oder schlecht, als Scharlatan oder als wahren Heiligen empfunden hast, - jeder von ihnen tat auf seine Weise seinen Dienst. Es ist göttliches Sein, das sich durch diesen Lehrer in dieser oder in jener Form ausdrückte. Es ist, wie es ist.

Und nun schau dir einmal die Beziehungen zu den Lehrern deines Lebens an. Wer hat dich was gelehrt, ob du diese Person bewußt als Lehrer erkanntest und ihn als solchen bezeichnetest, oder auch nicht? Wer hat dich gelehrt, durch positive oder negative Erfahrungen? Wie sah die Schule deines Lebens aus? Gibt es ein Muster, das sich in der Beziehung zu den Menschen, die du bewußt deine Lehrer nanntest, wiederholt hat? Hast du vielleicht zu großen Respekt vor Lehren in der Form, daß du dich zu sehr untergeordnet hast und sogar Angst vor ihnen hattest? Oder fällt es dir sehr schwer, überhaupt irgend jemanden als deinen Lehrer anzusehen? Gilt es für dich, jede Autorität zu provozieren, anzuzweifeln und zu bekämpfen? Ist es vielleicht schwer für dich, dankbar zu sein und überhaupt einen Menschen als Lehrer auf deinem Weg wertzuschätzen? Oder machst du dich vielleicht zu klein und stellst auch die Lehren, den Lehrer nie in Frage und nimmst sie zu sehr als gegeben hin? Wie sieht deine Beziehung, dein Konstrukt, dein Glaube in Bezug auf Lehren, auf einen Lehrer, aus? - Zeitlich gesehen, in der Vergangenheit, in der Gegenwart und in der Zukunft?

Laß all diese Erfahrungen, diese Vorstellungen, diese Bilder zu, all die Illusionen, all die Konstrukte und Identifizierungen, die du in bezug auf Lehren, auf Lehrer und Schülerbeziehungen hast! Was sind deine Bewertungen, deine Richtlinien von einem guten und einem schlechten Lehrer? Und wenn du selbst Lehrer, Therapeut, Heiler oder Chef bist, wie siehst du dich selbst? Wie siehst du deine Aufgabe, deine Lehre? Wie siehst du dich in dieser Rolle in Verbindung zu deinen Schülern, Klienten, Patienten oder Mitarbeitern? Lasse dir Zeit, um dir deiner Wertungen, deiner Konstrukte, deiner Illusionen gewahr zu werden. Und dann, wenn du all dies gefunden hast, gehe tiefer, versuche zu erkennen, gewahr zu sein, was hinter all den Lehrern, all den Schülern, all den Vorstellungen, all den Illusionen, all den Konstrukten liegt. Finde und sei das, was in Wahrheit jenseits der Bewertungen einer guten oder schlechten Lehre, eines guten oder schlechten Lehrers und Schülers, Therapeuten, Heilers, Chefs, Mitarbeiters liegt. Göttliches Sein, göttliche Essenz, unendliche göttliche Liebe, die sich durch alle Menschen ausdrückt. Die Essenz, das, was in Wahrheit ist, ist göttliches Sein.

So gibt es niemanden, der in Wahrheit lehren kann, und niemanden, der in Wahrheit gelehrt werden könnte. Es ist nur göttliches Sein, was sich auf eurer menschlichen E-bene Ausdruck verschafft. Es ist dieses Spiel, diese Illusion, die allem zu Grunde liegt, auch dem, daß es Lehrer und Schüler gibt. Es ist das Spiel menschlicher Vielfalt, menschlicher unendlicher Ausdrucksformen, unendlicher Möglichkeiten, unendlicher bunter Facetten, durch die sich göttliches Sein ausdrückt. Erkenne, Lehrer und Schüler, Heiler und Patient, Chef oder Mitarbeiter, - all das ist auch eine Illusion. Es ist ein Spiel, das dir auf der Ebene der Du-alität hilft, Stück für Stück und schließlich ganz zu erkennen und dir gewahr zu sein, daß du unendliches göttliches Sein, göttliche Liebe und die Vollkommenheit selbst bist und daß sich alles in der Unendlichkeit, in göttlichem Sein, auflöst. - All die Aspekte Lehrer, Schüler, Heiler, Klient, Patient.

Es gibt niemanden, den es zu lehren gilt,
und niemanden, der jemanden anderen zu lehren hätte.
Was glaubst du, gibt es zu lehren,
wenn du vollkommen und alles, was ist, bist,
wenn "du" auch der Lehrer bist, der "dich" unterrichtet?
Dann ist all dies ein Absurdum.
Es ist ein großer kosmischer Witz.
In dem Moment, wo du all dies siehst, wo du siehst,

daß du all das bist, bist du frei - frei zu erkennen,
daß göttliches Sein in allem, was ist, ist,
daß es keine eigene Identität gibt, keine einzelne Person,
die eine andere Person unterrichten könnte.

Das mag vielleicht schwer für dich zu verstehen sein, vielleicht bist du verwirrt, und vielleicht spürst du den Wunsch, einem Lehrer begegnen oder Lehrern, die du bereits hast, folgen zu wollen. Das ist vollkommen in Ordnung. Wenn du erkennst, daß es in Wahrheit keinen Lehrer und keinen Schüler gibt und du das Spiel, das Konstrukt, die Illusion, durchschaust, dann bedeutet das nicht, daß es "schlecht" ist, einem Konstrukt zu folgen und es nicht richtig für "dich" sein kann. Doch wichtig ist, daß du dich nicht identifizierst, daß du nicht glaubst, in Wahrheit weniger wertvoll und etwas anderes als dein Lehrer zu sein. Es ist auch wichtig zu erkennen, daß du in der Rolle des Lehrers nicht mehr wert, nicht weiter entwickelt und etwas anderes bist als dein Schüler. Erkenne das Spiel. Erkenne das Göttliche, unendliches göttliches Sein, in Lehrer und Schüler und daß sich Lehrer und Schüler in der Unendlichkeit auflösen.

Dennoch kann es Sinn machen, daß du dieses Spiel in eurer Dualität spielst, daß sich göttliches Sein durch diese "Rollen", durch dich, ausdrücken mag. Doch wird es wichtiger und wichtiger, dir gewahr zu werden, daß alles zu jeder Zeit vollkommen ist. Und so ist es auch wichtig zu erkennen, daß auch die Lehren nur ein Konstrukt sind, daß du nicht festhältst und glaubst, daß ein Konstrukt die gesamte Wahrheit ist. Dein Glaube, deine Vorstellungen, sind ein Ausdruck göttlichen Seins, aber wahres göttliches Sein liegt hinter all den Konstrukten. Und so magst du an

Aufgestiegene Meister, an kosmische Meister, an Engel oder an Buddha, an Christus, an Allah oder an eine andere der unendlich vielen Möglichkeiten des Glaubens, der Erfahrungen, der Religionen, der Vorstellungen von Gott, glauben. All diese Vorstellungen sind Konstrukte, all diese Vorstellungen sind ein Spiel. Sie können Hilfe sein, um dich mehr und mehr göttlichem Sein anzunähern. Sie mögen Brücken bilden, doch es wichtig, daß du ihnen nicht deinen absoluten Glauben der einzigen Wahrheit schenkst. Alle Bilder, alle Vorstellungen sind Konstrukte und Illusionen. Und so magst du vielleicht glauben, daß der Glaube an Gott besser ist als der Glaube an Allah. So magst du glauben, daß der "Aufstieg" eines Menschen in göttliches Sein nur auf eine bestimmte Art und Weise möglich ist. So magst du glauben, daß eine bestimmte Meditation, eine besondere Übung, ein spezielles Gebet der wahre Weg zu göttlichem Sein ist. Es gibt nicht den richtigen Weg. Es gibt unendlich viele Möglichkeiten: Doch alle Möglichkeiten führen dich nur zu einem gewissen Punkt. Zu dem Punkt, wo es notwendig ist, all deinen Glauben, all dein Wissen, all deine Konstrukte eben nur als Konstrukte, nur als Wissen, nur als Illusion zu sehen und dich dem zu öffnen, was hinter all dem zu finden ist, - was jenseits all dessen ist: unendliches göttliches Sein.

Kein Glaube, keine Lehre ist in Wahrheit besser als eine
andere Lehre, als ein anderer Glaube.
Keine Vorstellung ist in Wahrheit besser als
eine andere Vorstellung.
Es sind alles Möglichkeiten, Ausdrucksformen göttlichen
Seins, alles Projektionen göttlichen Seins.
Doch finde die Quelle.

Erkenne, daß auch du die Quelle bist,
die Quelle allen Seins, unendliches göttliches Sein.
Und laß auch das, was dich dieses Buch lehrt, gehen.
Sieh es auch nur als ein Konstrukt, als eine Illusion,
als eine Möglichkeit. Und öffne dich und erkenne,
was in Wahrheit ist, unendliches göttliches Sein, das,
was auch durch die Worte "unendliches göttliches Sein"
nicht wirklich bezeichnet werden kann,
das, was jenseits der Konstrukte und Illusionen aller
Lehren, aller Vorstellungen, jeglichen Glaubens oder
Wissens liegt, die Essenz, die Quelle, wahres Sein.
So kannst du immer wieder Lehren, Glauben,
Religionen und anderen Konstrukten folgen
und das für das Wahre halten und nicht erkennen,
daß in Wahrheit allem dieselbe Essenz zu Grunde liegt:
göttliches Sein, alles und nichts.

Und schau dir einmal die Arroganz an, den Irrtum, zu glauben, daß diese Lehre, diese Vorstellung, dieser Glaube besser ist als ein anderer, daß diese Lehre oder dieser Glaube die Wahrheit ist. Wie kann eine Lehre nur die Wahrheit sein, wenn alles, was ist, göttliches Sein, eine Projektion göttlichen Seins, ist. Es ist ein unendliches Spiel, das es zwar manchmal ernst, aber nicht zu ernst zu nehmen gilt. Befreie dich von dem, wie du glaubst, daß das, was du in Wahrheit suchst, zu erreichen ist.

Befreie dich von all den Lehren, all dem Glauben, den Vorstellungen, um dich zu öffnen für das, was in Wahrheit ist. Und wenn dir das immer wieder schwer möglich ist, dann beginne damit zu sehen, daß jede Vorstellung, jeder Gedanke, jede Bezeichnung und jede Erklärung von Gott, von dem, was in Wahrheit ist, eben nur ein Konstrukt, nur eine Illusion ist. Und erkenne, daß du einer bestimmten Illusion folgst, weil sie dir vertraut, nah und für dich richtig erscheint. Doch wisse, daß dieses eine Konstrukt, diese Illusion, nicht besser ist als ein anderes Konstrukt, eine andere Illusion, und daß es in Wahrheit nur göttliches Sein gibt. Du hast die Freiheit zu entscheiden, welchen Teil des Spiels du mitspielst, und es ist nicht einmal mehr eine wirkliche Entscheidung. Göttliches Sein drückt sich einfach in dieser oder jener Form durch deinen Körper und dein Leben, durch diese oder jene Lehre oder Vorstellung aus. Es ist einfach nur eine Form, eine Projektion göttlichen Seins. Das Erkennen der Projektion, der Illusion, gibt dir die Freiheit, mehr und mehr zu erkennen, was du in Wahrheit bist. Was sind die Lehren, an die du glaubst? Wo bist du identifiziert und absolut in deinem Glauben? Wo glaubst du, daß dein Glaube besser ist als ein anderer Glaube? Wo bist du manchmal gefangen in der Vorstellung, daß nur etwas Bestimmtes, Ausschließliches dich näher zu Gott, zu göttlichem Sein, bringt? Erkenne die Konstrukte, die du dir durch eine Lehre und deinen Glauben an sie auferlegt hast und daß du nicht frei bist für das, wie sich das Göttliche durch dich ausdrücken mag.

Und vielleicht ist deine Vorstellung die, daß du meditieren mußt, um dich weiterzuentwickeln und du dich deswegen dazu zwingst, obwohl sich alles in dir gegen die Meditation sträubt. Der Glaube, daß du göttliches Gewahrsein nur durch Meditation erlangst, ist auch nur ein Konstrukt. Wer sagt dir, daß du nur durch Meditation zu göttlichem Gewahrsein gelangen kannst? Vielleicht ist es eine deiner Meditationen auf einer Schaukel zu sitzen und in den Himmel zu schauen und ganz in diesem Schaukeln zu sein. Vielleicht ist es eine deiner Meditationen, zu bügeln und ganz in diesem Bügeln zu sein. Laß alles in deinem Leben in jedem Moment Meditation, göttliches Gewahrsein, sein.

Noch einmal: Es gibt keine Form, die göttliches Sein in einem bestimmten Ausdruck gepachtet hat. Es gibt keinen Ausdruck, der dich einzig und allein, ausschließlich, nur zu göttlichem Sein führt. Befreie dich von den Lehren und Vorstellungen, die du dir selbst, auch durch andere Menschen, auch durch Lehrer oder Bücher, auferlegt hast, und öffne dich für das, was in Wahrheit ist, wie sich göttliches Sein in diesem Moment ausdrücken mag, jenseits allen Glaubens, aller Lehren, jenseits aller Wertungen und aller Konstrukte. Göttliches Sein und unendliche göttliche Liebe, hier lösen sich Lehren, Glaube, Vorstellungen und Konstrukte auf. Lehrer und Schüler lösen sich auf in unendlichem göttlichen Sein.

Hier ist es "ES" wichtig, noch einmal zu betonen, daß das, was "ES" übermittelt, jeden von euch betrifft. Ihr Esoteriker seid nicht besser. Ihr Esoteriker und euer Glauben ist nicht besser als irgendein anderer Glauben. Ihr Esoteriker, auch ihr seid oft gefangen in euren Konstrukten, gefangen in euren Illusionen, auch ihr wertet und bewertet. Und all dies ist in Ordnung. Es ist ein Ausdruck menschlichen Lebens. Erkenne, daß göttliches Sein in allem, was ist, ist. In Schüler und Lehrer, in Kampf und Krieg, in der Freude und in der Liebe und in allem, was ist, ausnahmslos.

Auch die Zerstörung ist ein Ausdruck göttlichen Seins. In Wahrheit gibt es nichts, das zerstört werden kann. Zerstört werden können eure Illusionen, eure Konstrukte, euer Glaube, euer Körper. In Wahrheit gibt es keine Zerstörung, gibt es keinen Krieg, so wie es keine Geburt, kein Tod, keine Freude, keine Liebe und kein Lachen gibt. Letztendlich spielt es keine Rolle, ob die Erde weiter besteht oder nicht, ob sie zerstört wird oder nicht. Es ist alles nur ein Spiel. Wie kann es eine Rolle spielen, wenn all das in Wahrheit gar nicht existiert, wenn all das nur eine Illusion ist? Besonders wichtig sind eure Wertungen, euer Glaube, eure Vorstellungen von Gut und Böse. Sie erzeugen auf der menschlichen dualen Ebene sehr viel Leid, denn ihr bemüht euch, gut zu sein, und das beinhaltet, daß das "Gute" gleich dem Göttlichen ist. Und das ist ein großer und schwerer Irrtum, auch das, was ihr als böse oder schlecht bezeichnet, ist eine Projektion göttlichen Seins. Es macht keinen Unterschied. Was soll es auch für einen Unterschied machen, wenn Gut und Böse, Krieg und Frieden, Liebe und Haß und ihre Bewertungen nur Illusion und nicht die Wahrheit selbst sind? Laß deine Vorstellungen von Gut und Böse gehen. Frage dich: Was glaubst du, was gut und was böse ist?

Was darfst du sein, und was nicht? Was glaubst du, ist von Gott, und was glaubst du, ist nicht von Gott? Es gibt so unendlich viele Lehren von dem, was gut ist, sei es durch den christlichen Glauben und die Kirche, sei es durch esoterische und spirituelle Glaubensrichtungen oder durch den islamischen, durch den buddhistischen Glauben oder durch den Glauben einer Gesellschaft an gesellschaftliche Werte und Normen. Ihr seid so geprägt von Lehren, die euch bewußt oder unbewußt vermittelt worden sind und die euch immer wieder sagen, was gut und böse ist. Diese Vorstellungen sind in jedem von euch so tief verankert, daß sie dich gefangen halten und du dich nicht öffnest für das, was du in diesem Moment in Wahrheit bist, wie sich göttliches Sein durch deinen Körper, durch deinen Geist ausdrücken mag. Was ist in Wahrheit gut und böse?

Frage dich das einmal. Und schau einmal, wie relativ die Unterscheidung, die Wertung von Gut und Böse ist. Schau einmal, was du für gut und böse, für richtig und falsch hältst. All dies hält dich in der Illusion gefangen. Gefangen, das zu erkennen, was du in Wahrheit bist. Gehe tiefer und nimm wahr, was jenseits von Gut und Böse und jenseits des Krieges, des Mörders, jenseits der Heiligen und jenseits der Engel, jenseits des Alkoholikers und jenseits der Zerstörung, jenseits der Geburt und des Todes, der Liebe und des Hasses liegt.

Erkenne, der wahre Lehrer, die wahre Lehre ist göttliches Sein selbst. Und letztendlich ist göttliches Sein selbst weder ein wahrer Lehrer noch ein Schüler. All diese Grenzen lösen sich auf. Es ist, was es ist. - Unendliches göttliches Sein. Erkenne das Spiel, das du spielst in bezug auf deinen Glauben, auf deine Vorstellungen und Meinungen, in bezug auf Lehren und Lehrer und Schüler. Erkenne all das als ein Spiel. Und es spricht nichts dagegen, weiterzuspielen: Doch vielleicht ist der Zeitpunkt gekommen, wo du diese Illusion, dieses Spiel, erkennst, es vielleicht weiterspielst und dir göttlichen Seins in allem, was ist, gewahr bist.

Was passiert, wenn du die Identifizierungen von Lehrer und Schüler gehen läßt, wenn du dich nicht mit deiner ganzen Identifizierung, mit deinem ganzen Glauben als Lehrer oder Schüler, Heiler oder Patient siehst? Was ist, wenn du es nur als Rolle siehst und erkennst, daß Lehrer und Schüler, Heiler und Patient dasselbe, dieselbe Essenz sind und daß du sowohl der Lehrer als auch der Schüler bist? Trotzdem spielst du dieses Spiel, diese Illusion, weiter, weil göttliches Sein sich durch deinen Körper in der Rolle des Lehrers ausdrücken mag. Doch du bist dir gewahr, daß du in Wahrheit nicht dieser Lehrer bist.

Es geht nicht darum, daß die Ebene eurer Illusion abgeschafft werden muß, daß du nie wieder Lehrer oder Schüler, Heiler oder Patient sein darfst in diesem Rollenspiel der Dualität. Es geht nur darum, daß du erkennst, was du in Wahrheit bist und daß du kein getrenntes "Du" bist, außer auf der Ebene der Illusion, wo du einen Namen, wo du einen Körper hast und es eine Geschichte gibt, die eben nur auf dieser Ebene Bedeutung hat, in göttlichem Sein jedoch nicht. Du bist dir unendlichen göttlichen Seins gewahr, und dennoch spielst du die Spiele, bewegst dich in der Illusion, hörst auf deinen Namen, legst deinen Körper zu Bett. Du erkennst dich in allem, was ist, als göttliches Sein. Lehren, Vorstellungen, Glauben, Lehrer und Schüler lösen sich auf, und dennoch kann es auf der menschlichen Ebene wichtig sein, einen Lehrer zu haben oder Lehrer zu sein. Doch vergesse niemals, daß ihr in Wahrheit alle eins und unendliches göttliches Sein seid und daß all die Lehren nur ein Konstrukt sind, jede Lehre, jeder Glauben, jede Religion und jeder vermittelte Gedanke.

Es existiert nur unendliches göttliches Sein in allem, was ist. Freiheit, Frieden, unendliche Liebe für alles, was ist, für eure Lehren, für eure Vorstellungen, für eure Wertungen, für eure Gedanken.

Dein wahrer Lehrer ist göttliches Sein, das in Wahrheit kein Lehrer ist und das dich, der du gar nicht getrennt existierst, auch nicht lehren kann. Sei frei, um in die unendliche Stille göttlichen Seins einzutreten, jetzt. In der unendlichen Stille göttlichen Seins gibt es niemanden, den es zu lehren gilt, gibt es niemanden, der lehrt. –

Frieden, unendliche Stille, alles und nichts, vollkommenes Sein - und dieses vollkommene Sein schickt in seiner Projektion Lehrer und Schüler aus, damit sie in vollem Gewahrsein erkennen, daß sie selbst die Quelle und göttliches Sein sind, daß weder Lehrer noch Schüler existieren. Göttliches unendliches Sein schickt in seiner Projektion menschliches Leben aus, damit menschliches Leben in vollem Gewahrsein göttliches Sein, die Quelle, sich selbst, erkennen kann.

Wie kann sich die Quelle selbst erkennen, wenn sie ist, wenn sie unendliches göttliches Sein ist? Die Quelle erkennt durch diese Projektionen sich selbst, und so erkennt sich auch der Schüler im Lehrer und der Lehrer im Schüler und alles, was ist, erkennt sich in göttlichem Sein. Lehrer und Schüler: Eine Illusion, und dennoch spielt göttliches Sein dieses Spiel. "ES" wünscht dir viel Spaß mit diesem Spiel. Es ist ein wahrhaftig lustiges, freudiges Spiel, wenn du dir göttlichen Seins gewahr bist. Dieses Spiel ist, wenn du dir göttlichen Seins nicht gewahr bist, manchmal eine Qual, weil du das Spiel für Wahrheit hältst und dich verstrickst. Und so ist es Zeit, daß du das Spiel von Lehrer und Schüler erkennst, daß das, wie alles andere, wie alle anderen Rollen, nur ein Spiel und eine Illusion ist, die du spielen kannst, und daß alles eins ist in unendlichem göttlichen Sein, ohne Anfang, ohne Ende, nur unendliches göttliches Sein, das sich im Nichts, in der Unendlichkeit auflöst.

So kannst du die Rollen von Lehrer und Schüler spielen, genau wie alle anderen Rollen. Du nimmst manche Lehren, Gedanken und Vorstellungen an, manche nicht. Doch du bist dir gewahr, daß du weder diese noch jene Rolle oder Identifizierung bist. Du bist dir gewahr, daß keine Lehre, keine Vorstellung die letztendliche und absolute

Wahrheit sind. Es ist vielleicht die Lehre oder die Rolle, der du folgen magst, doch du bist dir bewußt und gewahr, daß göttliches Sein in allem, was ist, ist. "ES" und du, Lehrer und Schüler, Eltern und Kinder, Heiler und Patient, Priester, Frau und Mann, jede Rolle und jede Identifizierung, alles, was ist, ist eins. - Eins in göttlichem Sein. Alles, was ist, ist unendliches göttliches Sein, in dem sich jetzt "ES" und du, sowie jede andere Rolle und Identifizierung auflösen. Geh mit in diesen raumlosen Raum göttlichen Seins. Stille, --- Frieden, unendliches göttliches Sein. --- Immer, ewig, unvergänglich.

Erfahrungen der Autorin

"ES", göttliches Sein, läßt Barbara zum Ende dieses Buches ihre menschliche Geschichte, ihre unendliche Sehnsucht nach göttlichem Sein und der Heimkehr zu göttlichem Sein erzählen. Und wisse, diese Erzählung, diese Erfahrungen sind aus dem Bewußtsein menschlicher Identifizierungen. Sie zeigen eine Identifizierung und eine weit vorangeschrittene Reise, aber wisse dennoch, obwohl diese Geschichte sehr klar, sehr deutlich und geführt ist, ist es eben auch nur eine Geschichte. Diese Geschichte kann dir helfen, dich wiederzufinden, dich auf einer menschlichen Ebene wiedergesehen und verbunden zu fühlen. Und dennoch wisse: Es ist nur Form. Es ist nur eine Suche eines Menschen. Es ist die Identifizierungsgeschichte und der Wunsch nach vollständiger Heimkehr, nach vollständigem Erwachen in göttlichem Sein. Letztendlich gibt es nicht eine einzelne getrennte Person und ihre Geschichte, es ist "ES", göttliches Sein, das sich in jeder Geschichte ausdrückt. Es ist göttliches Sein, das sich auch in deiner Geschichte ausdrückt. Es ist göttliches Sein, unendliche göttliche Liebe, die sich in allem, was ist, ausdrückt. Es ist letztendlich losgelöst von dir. Es ist letztendlich losgelöst von allem, von dem ihr glaubt, getrennt zu existieren und getrennt zu sein. Seht, ihr seid Brüder und Schwestern auf eurem Weg.

Du bist nicht allein. Halte nicht an deiner Geschichte, an den Geschichten anderer Menschen fest. Betrachte deine Geschichte, Barbaras Geschichte, Geschichten von anderen Menschen, ohne dich damit zu identifizieren. Betrachte sie aus dem Bewußtsein unendlichen göttlichen Seins. Es sind alles nur Geschichten, durch die sich göttliches Sein ausdrückt. Eure Geschichten sind eben nur eure Geschichten und letztendlich unbedeutsam im Vergleich zu dem, was du in Wahrheit bist, göttliches Sein.

Und trotzdem haben diese Geschichten auf einer Ebene ihre Bedeutung und sind wichtig, um euch in göttlichem Sein zu erkennen und in vollem Bewußtsein zum göttlichen Sein zurückzukehren. Und deswegen wird Barbara ihre Erfahrungen und ihre Geschichte hinzufügen. Dies mag für euch wertvoll sein, und dennoch hat diese Geschichte keine wirkliche Bedeutung. Deine Geschichte, ihre Geschichte, alle Geschichten haben ihre Bedeutung nur bis zu dem Punkt, an dem du in vollständiges göttliches Gewahrsein gelangst. In vollständigem unendlichen Sein lösen sich alle Geschichten auf. Löst sich deine Geschichte auf, löst sich ihre Geschichte auf, löst sich alles, was existiert, auf. Bis zu diesem Punkt existiert nun einmal deine persönliche Geschichte, mal mehr, mal weniger, und sie löst sich vielleicht für Momente auf. Und bis dahin können dir die Worte, Gedanken und Beschreibungen, wenn "ES" zu dir spricht, Hilfe sein, - bis du dich im unendlichen Sein, in unendlicher Liebe, im Nichts auflöst. Also, unendliche Stille - unendlicher Frieden, alles löst sich im Nichts auf.

* * * * *

Liebe Leserin, lieber Leser,

ich bin von "ES" gebeten worden, meine Geschichte zu erzählen. Es ist auch die Geschichte, wie dieses Buch entstanden ist.

Einige Monate, bevor ich dieses Buch übermittelt bekommen habe, war ich an einem Punkt angelangt, wo ich aus tiefstem Herzen um Hilfe bat. Ich bat um eine Lehrerin, um einen Lehrer, der mir den Weg zu vollständigem göttlichen Gewahrsein, zu vollständigem göttlichem Sein, aufzeigen, mich lehren und mir wichtige Impulse geben könne. Ich bat aus tiefstem Herzen, daß mir die Türen zu göttlichem Gewahrsein geöffnet und mir die nächsten Schritte auf meinem Weg gezeigt werden mögen. Ich hatte keine Ahnung, wohin ich mich wenden sollte, ich spürte nur die unendliche Sehnsucht, den unendlichen Wunsch zu göttlichem Sein, zur Unendlichkeit zu gelangen. Ich spürte diesen Wunsch und diese Sehnsucht, die mich in der Geschichte meines Lebens immer wieder intensiv begleitet hatte, die unaufhörliche Sehnsucht nach unendlicher Liebe, nach dem, wo sich alle Grenzen auflösen.

Auf diesem langen Weg habe ich mich auch durch verschiedene Therapien und spirituelle Gruppen mehr und mehr von den Verstrickungen meines Lebens befreit. Und ein paar Monate, bevor dieses Buch entstanden ist, befand ich mich an einem Punkt, wo ich spürte, daß ich nun die Verstrickungen in Beziehungen, die karmischen Strukturen, Stück für Stück durchschnitten und "mich" aus ihnen befreit hatte. Ich fühlte den Wunsch und den Ruf, unendlichen göttlichen Seins für immer gewahr sein zu wollen. Ich fühlte, daß mich nichts mehr aufhalten konnte, göttliches, unendliches Sein zu erkennen. Ich fühlte, daß ich bereit war, alles, was notwendig war, hinter mir zu lassen, dem Wunsch und dem Ruf unendlichen göttlichen Gewahrseins folgend. Ich war an dem Punkt, an dem ich fühlte und erkannte, daß sich diese Sehnsucht durch mein ganzes Leben gezogen hatte, in einer sehr ausgeprägten Art und Weise.

Ein paar Monate, bevor ich mit der Übermittlung dieses Buches begann, wurde mir klar, noch klarer, was ich schon immer wußte. Meine Sehnsucht galt schon immer unendlichem göttlichen Sein. Auch das Geschenk der so vielen glücklichen Jahre konnte nicht das stoppen, nicht das zum Erlöschen bringen, was immer nach mir rief und was ich in einzelnen Momenten immer wieder und immer mehr erfuhr, das vollständige Verschmelzen, unendliche göttliche Liebe und der Wunsch, für immer in ihr zu Hause zu sein. Und so war ich glücklich und voller Freude, mein Leben an diesem Punkt meiner Aufgabe und dieser Sehnsucht nach unendlichem göttlichen Sein zu widmen. Ich fühlte mich frei. Mir wurde bewußt, daß ich niemals wirklich etwas anderes wollte.

Doch auf der menschlichen Ebene spielten sich vielfältige Reaktionen ab.

Ich spürte Angst und Scham bei der Vorstellung, anderen Menschen von meinen Erfahrungen und von meinem Wunsch nach vollständigem Erwachen zu erzählen. Als ich dann diese Angst und diese Scham zuließ, wurde mir deutlich, daß ich ein Gefühl hatte, als würde ich Gotteslästerung begehen und daß ich Angst hatte, man könne mich für "größenwahnsinnig" halten, jemals den Wunsch nach "Erleuchtung", nach vollständigem Erwachen, zu äußern.

Es erschien mir peinlich und arrogant und so, als müßte ich demütiger sein. Meine Ängste und Befürchtungen wurden mir immer bewußter, die jedoch im Vergleich zu der Klarheit und der Wahrheit, in der ich war, verschwindend gering waren.

Ich fühlte auch, daß mein Wunsch und meine Sehnsucht, in göttlichem Gewahrsein zu erwachen, ein ganz natürlicher Wunsch war, ein ganz natürlicher Wunsch ist, auf den ich und jeder andere Mensch das Recht hat. Und daß das nichts damit zu tun haben muß, sich über andere Menschen zu erheben, und es auch nicht nur der Wunsch eines Egos war. Ich fühlte auch die Wahrheit und die Wichtigkeit dieses Wunsches, für den ich alles, was ich selbst tun konnte, tun wollte und für dessen Erfüllung ich um die Gnade bat. Und Gnade ist Gnade. Und ob sie mir zu dieser Zeit zuteil wird oder nicht, steht in den Sternen geschrieben.

Besonders auch durch die Übermittlungen, in denen ich göttlichen Seins gewahr bin, dehnte "ES" sich auf Momente, auf Tage aus, in denen ich auch mit meinem Mann zusammen in unendlichem göttlichen Gewahrsein war und bin und wir uns so begegnen konnten, so nah und so wahr, wie es in einigen Momenten immer wieder einmal in der Vergangenheit der Fall gewesen war. Wir nahmen wahr, daß wir in unendlichem göttlichen Gewahrsein, freier, liebender, unendlicher und wahrer waren als jemals zuvor. Wir bemerkten auch, daß sich unsere Beziehung in vielen äußeren Kleinigkeiten nicht sonderlich veränderte. Wir nahmen unabhängig voneinander wahr, daß es keine Angst zu haben galt, vielmehr, daß das, was wir in unendlichem göttlichen Gewahrsein erlebten, schöner und unendlicher ist als das, was wir in den Verstrickungen der Dualität jemals sein könnten. Und so gab und gibt es einige Momente, einige Tage, einige Zeiten, in denen uns göttliches Gewahrsein möglich war und ist, immer mehr, Stück für Stück.

Und nun noch einmal zurück zu dem Punkt, wo ich um Hilfe auf meinem Weg bat und wo ich bereit war, alles an Vorstellungen, an Erfahrungen, an Erleben meinem Wunsch nach unendlichem göttlichen Sein zu schenken. Diese Hilfe, um die ich bat, waren in meinen Vorstellungen Bücher oder ein menschlicher Lehrer. Um so überraschter war ich dann, als sich in einer Übermittlung "ES", göttliches Sein, meldete, um mir meine Fragen zu beantworten und mich auf meinem Weg zu begleiten, um mich mehr und mehr mit göttlichem Sein in Kontakt zu bringen, um mir mehr und mehr Hilfe zu sein, göttliches Sein zu erkennen. Ich war sehr berührt, unendlich dankbar und überrascht, diese Hilfe durch "mich selbst" zu bekommen, und um so mehr, zu erkennen, daß "ES", göttliches Sein, das "ich" übermittle, ich selbst, sowie du und alles andere ist. Es ist ein wahres Geschenk, für das "ich" unendlich dankbar bin, diese Energie und diese Worte übermitteln zu dürfen. Diese Übermittlungen sind und waren "mir" eine große Hilfe.

Ich bin aus tiefstem Herzen dankbar für dieses Geschenk, für diese Gnade, und um so mehr wurde mir deutlich, wie sehr wir all das, was wir suchen, selbst finden können, in uns und in allem, was ist. Ich bin dankbar für das, was ich durch diese Übermittlungen erkennen durfte. Göttliches Gewahrsein breitet sich mehr und mehr in "mir" aus. Es ist alles eins, das zu dir spricht, das zu mir spricht, was du und ich und wir alle sind. Meine Geschichte ist meine Geschichte, und ich mag nicht mehr aus meiner Vergangenheit erzählen als das, was "mich" immer ausgemacht hat. Es war der Ruf und die Sehnsucht nach Verschmelzung, nach dem Einssein mit Gott. Alles andere kam und ging. Alles andere war wichtig, war unwichtig, veränderte sich.

Wenn ich auf meine Geschichte zurückschaue, war das, was immer blieb, diese Sehnsucht, dieser Ruf. Das ist das einzige, was sich im Laufe meiner Geschichte, die anfangs oft schwer für mich war und sich dann in eine glückliche Geschichte wandelte, immer blieb, diese Sehnsucht nach unendlichem Sein, nach Verschmelzen, nach unendlicher Liebe. Und das ist vielleicht das, was meine Geschichte ausmacht, daß dieser Ruf immer da war, immer unendlich stark war, so stark, daß ich einerseits unglaublich großes Leid, unglaublich großen Schmerz erfuhr und mir andererseits auch diese vielen glücklichen Jahre geschenkt wurden.

Auch wenn dieser Ruf und diese Sehnsucht in "meiner" Geschichte besonders deutlich zu hören waren, so ist doch der Wunsch, die Sehnsucht, nach göttlichem Sein, nach der Unendlichkeit, nach Verschmelzung, nach göttlicher Liebe, unendlicher Liebe, die Sehnsucht, der Wunsch, den wir alle miteinander teilen. - Alle die sich als "Person" mit einem menschlichen Körper identifizieren.

Was wirklich von Beginn bis zu diesem Zeitpunkt meines Lebens, meiner Geschichte immer vorhanden war, ist dieser Wunsch. Und so löst sich die Zeit auf, denn der Wunsch und die Sehnsucht waren vor zehn Jahren ebenso da wie noch vor einigen Monaten. Und genauso hat es deinen Ruf, deinen Wunsch, deine Sehnsucht gegeben, ob du es gehört hast oder nicht. Ich lebe das menschliche Leben und liebe all diese Vielfalt. Ich habe das menschliche Leben, gegen das ich mich einige Zeit wehrte, angenommen. Schon lange Zeit. Doch obwohl ich das menschliche Leben liebe und es angenommen habe und wirklich sagen kann, daß ich ein glückliches Leben lebe, ist bis zu jenem Zeitpunkt der Wunsch nach unendlichem göttlichen Gewahrsein geblieben.

Ich habe "meine" Aufgabe angenommen, die göttliches Sein für mich vorgesehen hat. Ich bin nichts anderes als du. Ich und meine Sehnsucht sind nichts anderes als du und deine Sehnsucht. Ich dachte lange Zeit, daß ich anders bin als alle anderen, weil ich diese Sehnsucht so stark spürte und so viel Schmerz erlitt. Ich dachte lange Zeit, daß alle anderen "normal" sind und diese Sehnsucht nicht spüren und ich "nicht normal" bin, weil ich diese Sehnsucht so stark spürte. Ich wertete mich deshalb oft ab. Andererseits wertete ich mich mit dem Gefühl, etwas Besonders zu sein, auf. Doch immer mehr und besonders noch einmal durch diese Übermittlungen wurde mir klar, daß alle Menschen dasselbe sind und alle dieselbe Sehnsucht haben, daß ich nichts anderes bin als du, daß ich nicht mehr oder weniger Angst habe, als du sie vielleicht hast, anders zu sein als andere, weniger wert und auf der anderen Seite etwas ganz Besonderes zu sein. Es war nicht meine exklusive Sehnsucht und Reise. Ich bin nicht mehr oder weniger besonders als du, als alles, was ist, weil wir dieselbe Essenz sind und weil wir denselben Ruf hören.

In diesem Moment, in dem ich diese Worte schreibe, fühle ich unendliche Liebe, unendliche Verbundenheit mit allem, was ist, mit dir und mit jedem Menschen, der solange glaubte, allein und getrennt zu sein, allein Schmerz zu erleiden, allein den Schmerz der Trennung zu fühlen. Und ich weine, während ich diese Worte schreibe, vor Glück, vor Glück zu erkennen, daß ich nicht allein und nicht getrennt bin, daß ich in dir existiere und du in mir existierst, daß wir dieselbe Sehnsucht, dasselbe göttliche Sein miteinander teilen, daß wir dasselbe sind -- göttliches Sein.

Und das möchte ich mit dir teilen, mit dir, der du dieses Buch liest, mit dir, der du den Schmerz kennst, wie ich ihn kenne, die Tränen, die Traurigkeit der Trennung. Du, der du all die Illusionen kennst und genau wie ich in all den Illusionen verwickelt warst, ich bin dir dankbar. Wir sind frei. Wir sind frei, das zu erkennen und das zu sein, was wir sind, jenseits aller Angst, all des Schmerzes, all der Illusion der Trennung, die wir für wahr gehalten und erlebt haben. Wer, wenn nicht du, auch in einem menschlichen Körper, kann denselben Schmerz der Trennung, des Glaubens, getrennt voneinander zu existieren, des Glaubens, Leid erfahren zu haben teilen. Es gibt keinen Unterschied.

Wir haben vielfältige Geschichten erlebt, vielfältige Facetten, das, was "ich" ebenso wie du erlebt habe, ist die Trennung, egal, wie deine Geschichte ausgesehen hat. Wir haben alle Geschichten der Trennung erlebt, gelebt, um jetzt gemeinsam zu erkennen, was wir jenseits unserer Geschichten sind. Ich danke allem, was ist, und ich hoffe, daß dieses Buch dir, wie es "mir" durch seine Übermittlung geholfen hat, hilft zu erkennen, was du in Wahrheit bist, sofort, oder Schritt für Schritt.

"Ich" habe nach anfänglichem Druck den ich verspürte, erleuchtet sein zu müssen, besonders auch durch dieses Buch losgelassen. Es kann, darf und ist das geschehen, was geschehen wollte, was geschehen will, göttliches Sein, göttliches Bewußtsein. Ich danke dir, der du auch den Schmerz der Trennung erlebt hast, dir, der du den Schmerz der Trennung mit mir geteilt hast, dir, der du dem

Ruf und der Sehnsucht nach vollständigem göttlichen Gewahrsein, unendlicher göttlicher Liebe, gefolgt bist, folgst
und dich selbst, göttliches Sein, erkennst und dir göttlichen
Seins gewahr wirst. Wir, du, ich – alles, was ist, ist frei. Ich
wünsche dir und mir diese Freiheit, die wir in Wahrheit
sind.

Barbara Vödisch

Anfang und Ende

Wir kommen nun zum Ende dieses Buches.

Wir sind zusammen auf eine Reise gegangen, auf die Reise zu göttlichem Gewahrsein, auf die Reise, göttliches Sein, das, was du in Wahrheit bist, zu erkennen. Auf eine Reise dorthin, wo es keine Worte, keine Erklärungen und keine Vorstellungen mehr gibt. Doch vergesse niemals, auch wenn "ES", göttliches Sein, durch dieses Buch direkt zu dir, zu göttlichem Sein, spricht, all dies ist nicht die letztendliche Wahrheit. Es sind auch nur Worte, auch nur Konstrukte, auch nur Anleitungen. Nicht mehr und nicht weniger. Sie sind wertvoll und können sehr hilfreich sein. Sie sind jedoch nicht mehr als das. Und das, was "ES", göttliches Sein, durch dieses Buch vermittelt, ist nicht die letztendliche Wahrheit. Nichts, was in Worten vermittelt und ausgedrückt werden kann, ist die letztendliche Wahrheit. Die letztendliche Wahrheit ist unendliches göttliches Sein, die Unendlichkeit, das Einssein mit allem, was ist. Dort existieren keine Form, keine Zeit, kein Raum und keine Worte.

Und so ist es wichtig, daß du aus dem, was du gelesen hast, keine neuen Dogmen, keine neuen Vorstellungen und Ziele machst, die du zu erreichen hast. "ES" weiß, wie schwierig das ist. Denn in der Welt dualen Erlebens willst du alles einordnen, alles kontrollieren, alles verstehen können. Es kann und darf dort nichts so bleiben, wie es ist. Dein Verständnis, dein Ego, alles, mit dem du dich identifizierst, fühlt sich bedroht, wenn es etwas nicht verstehen, nicht begreifen kann. Das ist so in Ordnung. Doch nochmals: Dieses Buch will nicht als eine Lehre verstanden werden. Dieses Buch ist in Wahrheit nichts. Alles, was dir begegnet, was du glaubst zu erkennen, glaubst einordnen zu können, was du glaubst, was eine Form hat, alles, was du glaubst, was dieses Buch ist oder nicht ist, ist eine Projektion, ein Spiegel deiner Wertungen, deiner Gefühle und deiner Vorstellungen. So lasse das, was ist, in diesem Buch, durch dieses Buch sein, so wie es ist, ohne aus ihm mehr oder weniger zu machen als es ist.

Und genauso ist es wichtig, daß du das, was in diesem Buch geschrieben gesteht, die Botschaft, daß du bereits vollkommen und erleuchtet bist, nicht falsch verstehst und pervertierst in der Form, daß du überall verkündest: Ich bin erleuchtet, ich bin erleuchtet! Das ist eine weitere Form, eine weitere Geschichte des Egos. Das, was hier gemeint ist, ist eine ehrliche und wahrhaftige Suche, ein ehrlicher und wahrhaftiger Wunsch, mit göttlichem Sein zu verschmelzen. Und wenn "ES" sagt, daß du bereits erleuchtet, vollkommen und göttlich bist, dann betont es hier noch mal an dieser Stelle, daß nicht du als besondere Person erleuchtet, vollkommen und göttliches Sein bist. "ES" meint, daß göttliches Sein in allem, was ist, ist, und daß jeder Mensch bereits erleuchtet, vollkommen und göttliches Sein ist.

"ES" möchte dich warnen, aus deinem Wunsch nach dem Einssein mit Gott, nach unendlichem göttlichen Gewahrsein, eine neue duale Geschichte zu machen. Dein Wunsch ist wertvoll und kostbar. Wenn man in eurer dualen Ebene spricht, ist es das Kostbarste, was du geschenkt bekommen hast auf deinem Weg, alles, was ist, in göttlichem Sein zu erkennen. Tritt das nicht mit Füßen, benutze es nicht immer und immer wieder für dein Ego, um dich besonders gut oder besonders schlecht zu fühlen. Dieser Wunsch, dieses Sein, ist so wertvoll. "Du" bist es immer

wert zu erkennen, daß du bereits göttliches Sein, die Unendlichkeit, bist. "Du" bist es immer wert, in göttlichem unendlichen Gewahrsein zu erwachen, für immer und ewig.
"ES" möchte dich warnen, aus deinem wertvollen, echten
Ruf eine weitere Geschichte, über die du eigentlich lachst,
zu machen. Und "ES" möchte dich warnen eine Geschichte daraus zu machen, indem du dich über andere Menschen erhebst,- eine Geschichte daraus zu machen, indem
du es benutzt, um aus menschlichem Sein zu fliehen, eine
Geschichte daraus zu machen, indem es einfach nur eine
neue spannende Unterhaltung wird. Dein Wunsch ist zu
bedeutsam dazu. Und gleichzeitig ist es nur ein Spiel. Es
gibt nichts falsch und nichts richtig zu machen.

Auch wenn du über deine Sehnsucht lachst, auch
wenn du dich über andere Menschen erhebst, nichts kann
wirklich passieren. Du bist nur weiterhin, wie schon seit
langer, langer Zeit, in der Dualität verstrickt. Es ist die Frage, was du willst. Es ist die Frage, ob du aus diesem Buch
und aus dem, was du in Wahrheit bist, weitere Geschichten machen willst und weiterhin verstrickt sein willst, oder
ob du dich frei in göttlichem Gewahrsein, voll Freude und
Glückseligkeit in der menschlichen Welt, in der Welt der
Dualität, bewegen willst, in Demut und Dankbarkeit für das
Göttliche in allem, was in eurer Welt existiert.

Spiritualität kann, wie alles andere auch, zur Verstrik-
kung benutzt werden. Sie ist nicht besser als etwas anderes, aber auch nicht schlechter und weniger wert. Sie ist eine der vielen bunten Möglichkeiten. "Du" bist mutig gewesen, dieses Buch zu lesen, diese Botschaften zu hören
und "ES" weiß, egal, was du mit all dem machst, was du
gelesen hast, auch wenn du es verdrehst, in Schubladen
packst und kategorisierst - es gibt immer auch den wah-

ren Wunsch, den wahren Ruf nach göttlichem Sein, nach der Unendlichkeit in dir. Du kannst dir jetzt so wie in jedem anderen Moment für immer göttlichen Seins gewahr sein. Es ist nichts verloren, wenn du dir nicht immer göttlichen Seins gewahr bist. Es ist nichts verloren, wenn du den Wunsch hattest, durch dieses Buch für immer eins mit Gott zu sein und es noch nicht bewußt bist, obwohl du es in Wahrheit schon bist. Es ist nichts falsch und nichts richtig. Du bist bereits vollkommen, unendliches göttliches Sein. Du bist bereits das, was du suchst. Auch wenn du das wieder vergißt, kannst du das jederzeit wieder erkennen. Es ist nichts verloren. Es gibt nichts, das du geschafft und nicht geschafft hast. Vertraue: Das, was du in Wahrheit bist, ist immer und ewiglich und wird von deiner Angst und von dem, wie du mit diesen Erkenntnissen umgehst, nicht berührt. Göttliches Sein ist in allem, was ist, in jeder anderen Person, in jedem Strauch, in jeder Blume, in jedem Tier. "ES" dankt dir, daß "du" dir göttlichem Sein, der Unendlichkeit, gewahr wirst, der Unendlichkeit gewahr bist. Göttliches Sein ist alles, was ist. Göttliches Sein ist in dir in jedem Moment. Egal, wo du bist und egal, womit du dich in diesem Moment identifizierst. Alles ist so, wie es ist, vollkommen.

Werde still, ------- um zu erkennen, um das zu sein, was du in Wahrheit bist. Laß all deine Vorstellungen, deine Erwartung und Bewertungen, wo du in bezug zum Einssein mit Gott, zur Erleuchtung, stehst, gehen. Erwarte nichts. Sei nichts. Alles ist so, wie es ist, vollkommen. "Du" bist auch in diesem Moment vollkommen. Friede, -- unendlicher Friede in allem, was ist. Friede, mit dir und deinem "Entwicklungsstand", mit deinem Nachbarn, deinen Freunden und mit deiner Familie.

--- Stille, --- in dir, ---- in deinem menschlichen Körper,
--- in all den Menschen.
--- Stille, --- weit weg von sich kreisenden,
nicht enden wollenden Gedanken.
--- Stille, --- weit weg von Anstrengung und Hast.
--- Stille, --- weit weg von der Angst,
verletzt und zerstört werden zu können.
--- Stille, --- weit weg von der Angst,
dich für immer auflösen und verlieren zu können.
--- Stille, --- göttliches unendliches Sein.
--- Stille, --- unendlicher Friede.
--- Stille, --- Friede, jenseits der Verwirrung und
jenseits des "Nichtbegreifenkönnens".
--- Stille, --- jenseits des Todes, jenseits der Geburt.

Göttliches Sein, --- erkenne, daß du immer unendliches göttliches Sein bist und daß du dich zu jeder Zeit mit dem Raum der Stille, mit dem Raum unendlichen Seins, verbinden kannst und dir zu jeder Zeit unendlichen göttlichen Seins gewahr werden und für immer erwachen kannst. Du kannst zu dir selbst sprechen, so wie "ES" durch dieses Buch zu dir spricht. Erkenne, "du" hast in diesem Buch zu dir selbst gesprochen, göttliches Sein zu göttlichem Sein. Alle Grenzen heben sich auf. Du bist immer göttliches Sein und du kannst es in jedem Moment erkennen, in jedem Moment sein. Dein Ich löst sich in der Unendlichkeit auf, in unendlichem göttlichen Sein.

Es gibt so vieles zu sagen und nicht zu sagen. Eigentlich ist jedes geschriebene Wort zuviel. Es geht darum, göttliches Sein zu erkennen, dich in die Unendlichkeit, in göttliches Sein fallen zu lassen, mit allem, was ist, zu verschmelzen und eins zu sein mit Gott, der genauso wenig ein getrenntes Wesen ist wie du.

Und nun zum Ende dieses Buches begegnen wir uns dort, wo wir nicht mehr existieren, nur noch unendliches göttliches Sein, das, wonach du suchst, das, wo deine Suche jetzt endet, dort, wo deine Suche geendet hat. Unendliches göttliches Sein, hier gibt es keine Worte mehr, in dem Sein der Unendlichkeit, in dem Verschmelzen mit allem, was ist, in dem Einssein mit Gott, in allem und nichts, das sich im Nichts auflöst. Hier endet dieses Buch.

Dieses Buch endet dort, wo alles, was in eurer Welt existiert, endet.

Es endet dort, wo du als Person endest. Es endet dort, wo "ES", das zu dir spricht, endet.

Es endet dort, wo alles so ist, wie es ist, unendliches göttliches Sein. Dieses Buch endet, wo alles endet, wo jedes Wort, wo jede Vorstellung und jede Geschichte, wo alles, was in eurer Welt existiert, endet.

Dieses Buch endet dort, wo du "eins" bist mit Gott, wo du "eins" bist mit allem, was ist, in unendlichem göttlichen Sein.

Dieses Buch endet dort, wo es nichts mehr zu beschreiben, nichts mehr zu bezeichnen und nichts mehr zu erkennen gibt.

Es endet in dem unendlichen Gewahrsein dessen, was ist. Es endet in allem und nichts, in der Unendlichkeit.

Es ist die Zeit gekommen,
daß deine Suche beendet ist,
ebenso wie dieses Buch beendet ist.
Es ist die Zeit gekommen, daß das,
womit du dich identifizierst, beendet ist.
Es ist die Zeit gekommen,
göttliches Sein in allem, was ist, zu erkennen.

Es ist die Zeit gekommen,
daß ihr auf Erden in vollständigem Gewahrsein
unendlichen göttlichen Seins lebt.
Die Zeit des Vergessens, die Zeit des Leids,
die Zeit der Dualität ist beendet, so wie alles, was ist,
beendet ist und niemals wirklich stattgefunden hat.
Die Geschichten und die Verwirrungen,
die Vorstellungen und der Glaube, daß Erleuchtung in der
Zukunft stattfindet und erst dann,
wenn du vollkommen bist, sind beendet.
Die Zeit ist gekommen,
daß "du" und alles, was auf Erden existiert, daß ihr
göttliches Sein in allem, was ist, erkennt.
Die Zeit ist gekommen,
daß du im Gewahrsein unendlichen göttlichen Seins das
Leben auf Erden lebst, dich nicht identifizierst und
dich in allem erkennst, was existiert, als göttliches Sein.
Die Zeit des Vergessens ist beendet.

Das Einssein mit Gott, unendliches göttliches Gewahrsein, die Unendlichkeit, ist jenseits von Zeit und Raum, immer und ewig. Das, was du bist, ist immer und ewig. Du bist frei, - jetzt! Du bist vollständig erwacht, - jetzt!

Frieden,-- Stille,-- unendliches göttliches Sein. Das Ende deiner Reise. Das Ende dieses Buches.

"ES", unendliches göttliches Sein, löst sich immer und ewig mit dir, der du nicht du bist, auf.

-- Jetzt! ----- Unendlichkeit --- Stille --- Frieden ---

Einssein mit allem, was ist ---
Eins mit göttlichem Sein.

Barbara Vödisch

war zunächst 10 Jahre als Tanztherapeutin in psychiatrischen und suchttherapeutischen Einrichtungen tätig. Als „Sprachrohr" für die geistige Welt wurde sie durch eine Reihe von Büchern bekannt. Nach dem Entstehen des Buches „Einsein mit Gott" erwachte sie in unendlichem Bewußt-Sein und ihre intensive Suche nach unendlicher Liebe, nach der Quelle allen Seins endete. Weit davon entfernt perfekt zu sein, lebt Sie glücklich verheiratet in den Chiemgauer Bergen. In Seminaren, Vorträgen und Einzelsitzungen unterstützt sie Menschen spielerisch, voller Liebe, Natürlichkeit und Leichtigkeit das Göttliche auch im Alltäglichen zu erkennen und im Einen Sein zu erwachen. Sie ermuntert dich jenseits von Konzepten und Wissen, einfach nur du selbst zu sein und jetzt und nicht erst in der Zukunft glücklich und in Frieden zu sein.

Sie ist über folgende Anschrift erreichbar: (Anfragen bitte mit frankiertem Rückumschlag)

Barbara Vödisch
Postfach 1333
83203 Prien am Chiemsee
www.barbaravoedisch.de

Barbara Vödisch
Lady Nada: Botschaften der Liebe

196 S., DIN A 5, Softcover, ISBN 3-926374-75-6

Hier ist die Antwort der geistigen Welt zu einem Thema, das die Menschheit seit jeher bewegt hat.
Nada, Aufgestiegene Meisterin, spricht über das Thema Liebe in all seinen Facetten: Die Liebe zu sich
selbst und zu anderen; zu Pflanzen und Tieren; Kontakt mit der geistigen Welt – das sind nur einige Themen dieses Buches, aus dem so viel Liebe strömt, daß
einem bei der Lektüre ganz warm und das Herz ganz weit wird.

Barbara Vödisch
Sananda – die Neue Zeit ist jetzt

192 Seiten, Broschiert,
ISBN 3-934254-44-6

Sananda (auf Erden als Jesus Christus bekannt) gibt uns hier
für diese Zeit großer Turbulenzen und Herausforderungen
im Privaten wie im Weltpolitischen wichtige Hinweise, u.a.
auch zum 11. September, zu Macht und Machtmißbrauch,
zu den Indigo-Kindern sowie zu Ernährung und Krankheit.
Er zeigt eindringlich auf, daß wir auf keine bessere Welt in
der Zukunft warten sollen, sondern beschreibt, wie wir hier
und jetzt wahren Frieden, die Vollendung finden können.
Lebendige, engagierte und mutmachende Worte dieses großen Meisters in einer bedeuten-
den Zeit mit Segenssprüchen, Gebeten, Meditationen und Affirmationen sowie zahlreichen praktischen Tips.

Claire Avalon
Wesen und Wirken der
Weißen Bruderschaft

ISBN 3-926374-90-X

"Wie wir wurden, was wir sind –
Und wie wir werden dürfen, um zu sein."
Die Autorin vermittelt in einfacher und klarer Sprache
den Aufbau der Großen Weißen Bruderschaft, einer
rein geistigen Hierarchie für unsere Erde, und geht dabei weit zurück bis zu den Ursprüngen unseres Seins.
Außerdem weisen die Aufgestiegenen Meister und Weltenlehrer, wie Jesus,
Helios, Kuthumi, Maha Cohan, Maitreya, Sanat Kumara, anhand gechannel-
ter Texte den Weg zurück ins Licht.

Claire Avalon
Die Weiße Bruderschaft
EL MORYA: Was ihr sät, das erntet ihr!

256 S. brosch., ISBN 3-926374-59-4

EL MORYA, Aufgestiegener Meister und Herrscher des Ersten Strahls, zeigt in diesem Buch über Karma sehr anschaulich, daß es keinen strafenden Gott gibt, sondern jede Seele für das verantwortlich ist, was ihr widerfährt und daß jedes noch so kleine oder große Problem seine Ursache hat. Vor allem läßt er uns spüren, daß der Vater allen Seins mit unendlicher Liebe und Güte auf die Rückkehr jeder Seele wartet. Auch für Therapeut/inn/en ein wichtiges Buch.

Claire Avalon
Die zwölf göttlichen Strahlen und die Priester aus Atlantis

384 S., geb., ISBN 3-93425412-8

Dieses umfangreiche, ausschließlich gechannelte Werk enthält hochinteressante Informationen über das Wirken der zwölf göttlichen Strahlen und macht uns mit dem neuen und doch alten Basiswissen aus Atlantis vertraut, das uns bisher nicht zur Verfügung stand.
Wir lernen 84 atlantische Priester und Priesterinnen kennen, die von EL MORYA vorgestellt werden und dann selbst zu ihren speziellen Aufgaben sprechen.
Ein wichtiges Buch, das auch viele Therapeuten, Heilpraktiker und Helfer der Menschheit erreichen möchte.

Simone Crämer
Sananda: Ihr seid das Licht der Welt

Neue Botschaften zur Bergpredigt

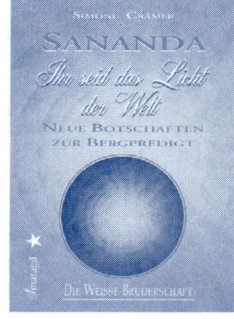

192 Seiten, broschiert, ISBN 3-934254-38-1

Dieses aus der geistigen Welt übermittelte Buch verbindet altes christliches Gedankengut mit dem Christusbewußtsein unseres Neuen Zeitalters.
Der Aufgestiegene Meister und Weltenlehrer SANANDA gibt uns ein Neuverständnis seines Anliegens und knüpft dabei an die Bergpredigt an, jene Eingangsrede zum Neuen Testament, deren immerwährende Gültigkeit und tiefe spirituelle Weisheit noch immer wegweisend für uns ist. Gleichzeitig gibt er uns eine Neuinterpretation, ein Neuverständnis der Tradition, und schlägt dadurch eine Brücke zwischen Gestern und Heute, mit der er die vielen Mißverständnisse, die an die lange Geschichte des Christentums geknüpft sind, bereinigen möchte.

Ines Witte-Henriksen

St. Germain –
Die Violette Flamme der
Transformation

144 Seiten, broschiert, ISBN 3-934254-58-6

St. Germain führt uns in die Arbeit mit der Violetten Flamme ein, damit wir dieses kraftvolle Instrument der Transformation für uns und andere im Alltag nutzen können.
Hilarion vermittelt Wissen über die grüne Heilflamme. Seine Heilmeditationen im grünen Strahl bestärken uns darin, uns für die eigene Wahrheit zu öffnen und unseren inneren Bildern und Wahrnehmungen zu vertrauen.
Das Innere Kind erfährt Heilung durch das Mitgefühl der Aufgestiegenen Meisterin Kwan Yin und die bedingungslose Liebe der Delfine.
Die Hilfe der Aufgestiegenen Meister wird durch dieses Buch für jeden praktisch erfahrbar.

Anjana Gill

Du und deine Engel –
ein himmlisches Team

108 Seiten,, Hardcover,
mit zahlreichen farbigen Abbildungen,
ISBN 3-934254-46-2

Für Anjana Gill sind Engel keine heiligen fernen Wesen, sondern unsere Lebensbegleiter, die sich freuen, für uns da zu sein. Sie erklärt in leichten Schritten, wie Sie die Engel in Ihrem Leben integrieren können.
Lernen Sie mit Hilfe dieses wunderschön gestalteten Buches Ihre „himmlischen Mitarbeiter" kennen und verschmelzen Sie zu einem sensationellen Team !
Lassen Sie sich beflüge! It's time for an angel!

Ava Minatti
Heilung für das Innere Kind

192 Seiten, broschiert, ISBN 3-934254-37-3

Das heile, Innere Kind ist ein Teil in uns, der voller Lebensfreude, Neugierde, Vertrauen und Liebe ist. Wurde es verletzt, agieren wir nicht mehr frei, sondern reagieren ängstlich, trotzig, wütend oder traurig. So finden sich in diesem Buch zahlreiche Botschaften, Anregungen und Übungen aus der geistigen Welt, wie Sie sich von der Identifikation mit Ihren schmerzhaften Erfahrungen lösen und sich auf Ihr heiles Inneres Kindsein einlassen können.